U0683704

PREFACE 前言

为什么要重视研发

如今，中国的电商和物流非常发达，“卖货和送货”的门槛低、赚钱快、失败风险低，所以大量创业者和就业者加入“卖货和送货”大军，可谓夜以继日。相比之下，研发的门槛高、难度大、失败风险高，所以从事研发的人员和企业越来越少。这会让表面上的市场繁荣暂时掩盖住长久的隐患。

极容易得到的东西往往是平庸之物，也极易被人抛弃。任何行业的竞争最终比拼的都是好产品（包含好服务），因为消费者关注的是好产品。这里的“好”是功能、质量、价格和吸引力的综合表达。

那么，好产品从何而来？

好产品绝对不会遍地都是、唾手可得！

除了自然资源（如农林渔牧矿）之外，绝大多数好产品都是企业研发出来的。越好的产品，研发投入就越大。研发能力是企业持久的核心竞争力。

当今时代，研发弥足珍贵，值得所有企业重视。

为什么需要研发管理体系

研发管理的目的是在预定的时间和成本之内开发出让消费者满意的产品，这是一件很不容易的事情。

需求、设计、质量和效率、项目管理、产品管理、跨部门协作、商业模式等研发管理的常见问题相互交织，每个问题都无法单独解决。例如，你无法用一种方法单独提升质量或效率，只要需求、设计、产品管理、项目管理做不好，就一定会降低质量或效率。

所以研发管理不能“头痛医头、脚痛医脚”，不能依靠应急措施、经常救火，必须寻求系统性的解决方案，即建设研发管理体系。

研发管理体系有四个要素：思想方法、工作流程、配套工具和人力资源。

企业的研发管理体系一旦建立好，就好比是铁打的营盘，是企业持续发展的根基。企业不再害怕人员流动，新人进来之后，经过相应的培训，可以很快地融入体系之中，能够为企业创造价值。

效能的概念

效能是效率、能力、成效的综合表述，可以简单直观地表达为“效率和能力的乘积”，即：效能 = 效率 × 能力。高效能意味着工作既快又好，用较短的时间、较低的成本获得满意的成效。

请注意，能力和效率之间不一定是正比例关系。如果个体能力很强，但他们很懒散，或者不服从管理，整体效率也会很低，相应的效能也低。反之，如果他们效率很高，但是能力很低，只能够很快地做出很平庸甚至很差的产品，也是没有前途的。

效能这个术语，既关注结果（即成效），又关注过程（即效率 × 能力），非常适合于研发管理体系。提升效率主要依靠合适的流程和工具，提升能力主要依靠培训、实践和探索，两者结合才能获得高效能。

在融合 CMMI、敏捷和迭代的基础上，本书建立了“研发管理体系模型”（见图 1），将效能划分为 2-3-4-5 等级，对应及格 - 良好 - 优秀 - 卓越水平等级。希望读者在理解之后，再根据企业自身特征修改模型，研制适合本企业的研发管理体系。

研发管理快速上手

林锐 / 著

人民邮电出版社

北京

图书在版编目（CIP）数据

研发管理快速上手 / 林锐著. -- 北京 : 人民邮电
出版社, 2023.4
ISBN 978-7-115-60527-6

Ⅰ. ①研… Ⅱ. ①林… Ⅲ. ①企业－技术开发－研究
Ⅳ. ①F273.1

中国版本图书馆CIP数据核字(2022)第222786号

内 容 提 要

本书以高效开展研发组织管理工作为目标，首先引入研发管理的常见问题，然后介绍研发管理的概念、目的、建设思路，以及如何从头创建一个项目（包括项目管理过程、项目开发过程、项目实施过程、产品管理和营销客服过程、研发支持过程）。本书围绕研发管理体系的四个要素——思想方法、工作流程、配套工具和人力资源进行了详细讲解。阅读本书，读者可从中学习到如何建立自我成长、高效能的研发作战团队，从而在预定的时间和成本之内开发出让消费者满意的产品。

本书适合企业中高层管理者、产品研发人员、企业运营流程设计者和管理者、高校老师及研究机构专业人员阅读。

◆ 著　　　林　锐
责任编辑　李　瑾
责任印制　王　郁　马振武
◆ 人民邮电出版社出版发行　　北京市丰台区成寿寺路 11 号
邮编　100164　　电子邮件　315@ptpress.com.cn
网址　https://www.ptpress.com.cn
固安县铭成印刷有限公司印刷
◆ 开本：720×960　1/16
印张：11.5　　2023 年 4 月第 1 版
字数：149 千字　　2023 年 4 月河北第 1 次印刷

定价：59.80 元

读者服务热线：(010)81055410　印装质量热线：(010)81055316
反盗版热线：(010)81055315
广告经营许可证：京东市监广登字 20170147 号

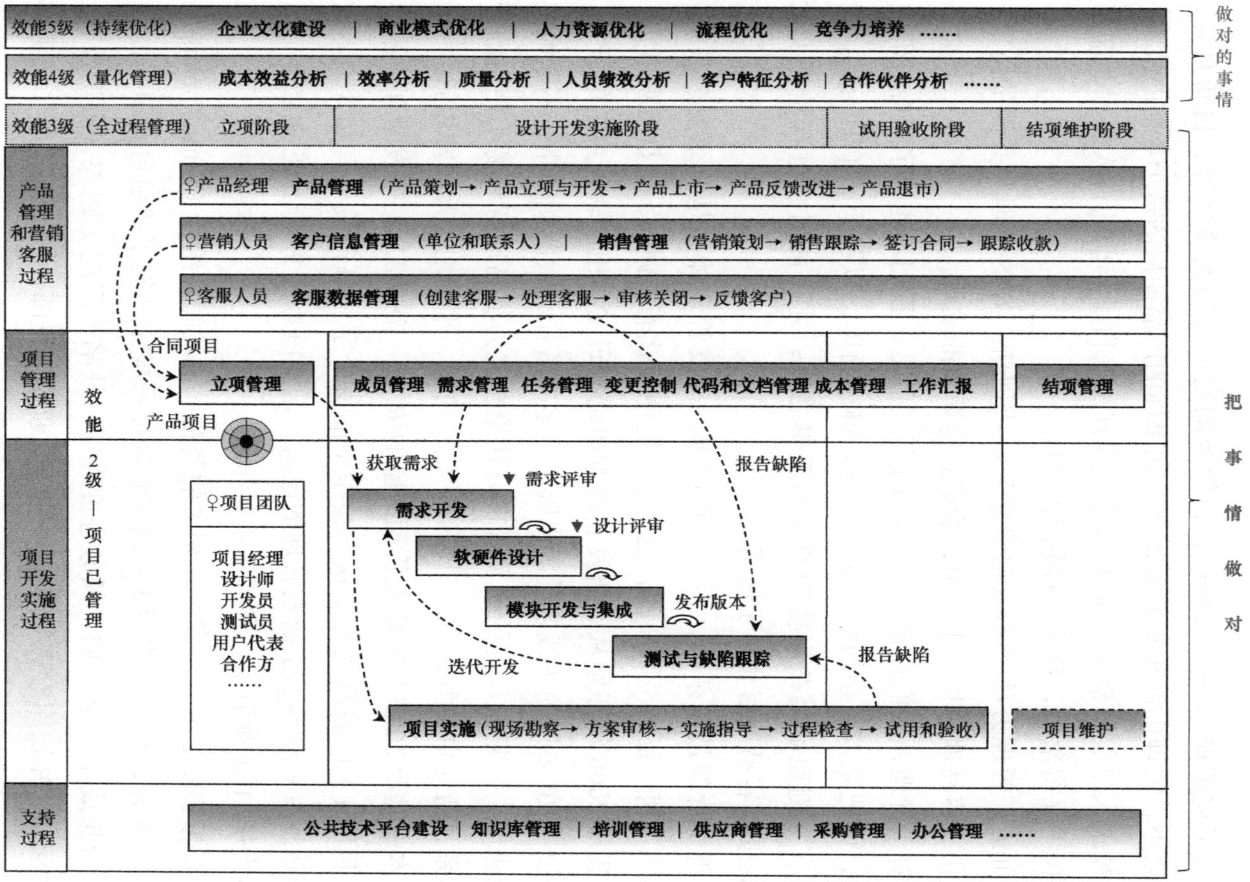
效能5级（持续优化）
企业文化建设 | 商业模式优化 | 人力资源优化 | 流程优化 | 竞争力培养 ……
效能4级（量化管理）
成本效益分析 | 效率分析 | 质量分析 | 人员绩效分析 | 客户特征分析 | 合作伙伴分析 ……
做对的事情
效能3级（全过程管理）
立项阶段
设计开发实施阶段
试用验收阶段
结项维护阶段
产品管理和营销客服过程
♀产品经理 产品管理（产品策划→产品立项与开发→产品上市→产品反馈改进→产品退市）
♀营销人员 客户信息管理（单位和联系人） | 销售管理（营销策划→销售跟踪→签订合同→跟踪收款）
♀客服人员 客服数据管理（创建客服→处理客服→审核关闭→反馈客户）
项目管理过程
合同项目
产品项目
立项管理
成员管理 需求管理 任务管理 变更控制 代码和文档管理 成本管理 工作汇报
结项管理
效能2级—项目已管理
项目开发实施过程
♀项目团队
项目经理
设计师
开发员
测试员
用户代表
合作方
……
获取需求
需求评审
需求开发
设计评审
软硬件设计
模块开发与集成
发布版本
测试与缺陷跟踪
报告缺陷
迭代开发
报告缺陷
项目实施（现场勘察→方案审核→实施指导→过程检查→试用和验收）
项目维护
支持过程
公共技术平台建设 | 知识库管理 | 培训管理 | 供应商管理 | 采购管理 | 办公管理 ……
把事情做对
图1 研发管理体系模型

关于本书

自工业革命以后，人类在科技领域的进展可谓突飞猛进、日新月异，相比之下，管理的演进却并非如此。如果你的产品使用的是十年前的技术，你会被别人嘲笑。然而，如果你的管理方法来自千年前的古人思想，却可能不仅不显得落后，反而会被别人仰视。

可见，管理方法并不刻意追求先进或创新。好的管理有共同的特征：人性化、容易理解和易于使用，能够获得期望的成效。

对于管理，人们总希望“大道至简”。但是，我们不能为了迎合人们的期望，而把原本复杂的事物硬生生地弄得很简单，以至于简单而无效。我们只有深刻理解复杂事物的原理和逻辑之后，才可能对它进行精炼（优化），使其容易理解和易于使用。

研发管理是复杂的，不可能极简单。研发管理体系是一个复杂系统，不是三言两语就能说明白的，也不是随随便便就能掌握的，这是客观事实。

我从 2000 年开始从事研发管理方法论的研究和相应软件系统的研发，至今已有 20 多年的实践，其间出版了十多本著作。我的使命是：不断地实践和思考，把复杂深奥的研发管理方法论转化为容易理解和易于使用的管理体系，帮助中小型企业，用较低的代价快速、平稳地提升研发效能。

本书是我 20 多年来研发管理经验的浓缩，书中建立的研发管理体系模型（见图 1）已被修改上千次，模型中的每个字、每条线都有其含义。这幅图清晰直观地展示了研发管理的逻辑，是我锤炼了 20 年的心血之作，已经被大量 IT 企业引用，发挥了重要作用。

要想获取更多与研发管理相关的资料，请发邮件给我（linrui@mansuo.com）。此外，我根据效能 3 级研发管理体系模型开发了“项目管理平台”，该平台集成了需求管理、任务进度管理、缺陷（问题）跟踪、质量检查、客服管理、知识库管理等常用功能，欢迎读者发邮件联系我，以了解更多信息。

本书的读者对象主要是研发企业的管理人员，高校的老师也可阅读本书。高校拥有数量众多的研发项目，以及人数最多、最松散的研发群体，但是缺乏有效的管理，本书的方法和工具将有助于高校科研项目管理。

致谢

研发管理是一门严谨、枯燥的实践性学问，远不如快速赚钱、成功学那么吸引人，其读者群也很小，因此，对于本书的出版，我特别感谢人民邮电出版社的鼎力支持。

同时感谢读者和客户多年的支持。感谢西安电子科技大学校友金志江、宋朝盛、戴玉宏和浙江大学校友董军 、刘灵辉、石磊的大力支持。

林锐

上海漫索计算机科技有限公司

服务与支持

本书由异步社区出品，社区（https://www.epubit.com）为您提供相关资源和后续服务。

提交勘误

作者和编辑尽最大努力来确保书中内容的准确性，但难免会存在疏漏。欢迎您将发现的问题反馈给我们，帮助我们提升图书的质量。

当您发现错误时，请登录异步社区，按书名搜索，进入本书页面，单击“发表勘误”，输入勘误信息，单击“提交勘误”按钮即可，如下图所示。本书的作者和编辑会对您提交的勘误进行审核，确认并接受后，您将获赠异步社区的 100 积分。积分可用于在异步社区兑换优惠券、样书或奖品。

与我们联系

我们的联系邮箱是 contact@epubit.com.cn。

如果您对本书有任何疑问或建议，请您发邮件给我们，并请在邮件标题中注明本书书名，以便我们更高效地做出反馈。

如果您有兴趣出版图书、录制教学视频，或者参与图书翻译、技术审校等工作，可以发邮件给我们；有意出版图书的作者也可以到异步社区在线投稿（直接访问 www.epubit.com/contribute 即可）。

如果您是学校、培训机构或企业用户，想批量购买本书或异步社区出版的其他图书，也可以发邮件给我们。

如果您在网上发现有针对异步社区出品图书的各种形式的盗版行为，包括对图书全部或部分内容的非授权传播，请您将怀疑有侵权行为的链接发邮件给我们。您的这一举动是对作者权益的保护，也是我们持续为您提供有价值的内容的动力之源。

关于异步社区和异步图书

“**异步社区**”是人民邮电出版社旗下 IT 专业图书社区，致力于出版精品 IT 图书和相关学习产品，为作译者提供优质出版服务。异步社区创办于 2015 年 8 月，提供大量精品 IT 图书和电子书，以及高品质技术文章和视频课程。更多详情请访问异步社区官网 https://www.epubit.com。

“**异步图书**”是由异步社区编辑团队策划出版的精品 IT 专业图书的品牌，依托于人民邮电出版社的计算机图书出版积累和专业编辑团队，相关图书在封面上印有异步图书的 LOGO。异步图书的出版领域包括软件开发、大数据、人工智能、软件测试、前端、网络技术等。

异步社区　　微信服务号

目录 CONTENTS

3 高效能研发管理体系的建设思路

4 项目管理过程

1 研发管理常见问题和对策

本章从需求、设计、质量和效率、项目管理、产品管理、跨部门协作、商业模式七个方面，论述研发管理的常见问题和对策。

上述问题相互交织，几乎无法单独解决。例如，无法用一种方法单独地提升质量或效率，只要需求、设计、产品管理、项目管理做不好，就一定会降低质量或效率。

所以研发管理不能“头痛医头、脚痛医脚”，必须寻求系统性的解决方案，这也是企业建设研发管理体系的缘由。

1.1

需求的常见问题和对策①

1.1.1 需求的常见问题

1．客户需求不明确

客户提出的需求没有条理性，甚至相互矛盾。

比如装修时，客户最初提出要简洁大方的设计，越简洁越好，提倡“少即是多”的设计理念。但是在设计和施工的过程中，客户为了追求完美，需求从简洁演变为复杂。

上述案例的一种可能是客户内心知道自己需要什么，但是表达能力不强，缺乏条理性，让开发者不能充分理解其真正需求。

下面做个小测试，询问几个人，请他们用两分钟时间总结今天做了什么事情。估计会有半数的人支支吾吾、不知所云，可见“人们说不清楚自己内心知道的事情”是一种普遍现象。

还有一种可能，客户是个缺乏主见、立场不坚定、思维跳跃的人。无论他的表达能力是否很强，他都不可能表述清楚需求，因为他内心并不知道自己究竟需要什么。

一日，老张请老王吃饭。老张问老王：“你要喝点什么？”

老王说：“随便。”

老张问：“那我们就喝点葡萄酒？”

老王说：“不喝，像血，酸不拉几的。”

老张问：“那我们喝点米酒？”

老王说：“不喝，一股子馊味。”

① 为了表述简洁，本节用“客户”来代表需求提出者，包含消费者、企业领导、营销人员等人。

老张问："那我们喝点果酒？"

老王说："不喝，那玩意儿甜丝丝的，一点酒劲儿都没有。"

老张无可奈何地说："这里只有三种酒，委屈您选一种吧！"

老王说："我都说了随便啊。"

老张叹了一口气，沉思片刻，就把葡萄酒、米酒、果酒随便地混在一起。

老王尝了一口，嗯，味道不错。这就是老王要的"随便"。

当客户不断地否定需求，或者滔滔不绝地阐述需求时，他其实需要专家帮他选择最重要的需求。不要企图满足他说的所有需求，因为很多需求是相互矛盾的，无法同时兼得。

2．客户表达的是伪需求

客户感觉："要是有那种东西该多好啊！"但有些感觉是错觉，于是产生了"伪需求"。

叶公的亲朋好友、街坊邻居都知道他喜欢龙，可是当龙兴冲冲地飞到叶公家里做客的时候，叶公吓得魂飞魄散。所以"叶公好龙"是伪需求，叶公本人、龙和观众们都误会了。

消费是要付出代价的，如金钱、时间、耐心等，不只是说说而已。每天都有无数人提出了无数的需求，而凡是经不起"消费验证"的需求，都是伪需求。

客户很喜欢表达伪需求，越是得不到的东西，他就越热切。这种表达使开发者以为抓住了市场需求。但是当伪需求真的被实现时，客户却不愿意付出代价来消费，使开发者的一切努力付诸东流。

毫无疑问，围绕伪需求做出来的产品一定是失败的，因为没有真实的消费。但若要从众多需求中鉴别出伪需求，也是比较困难的事情。

3．开发者误解了客户的真实需求

对于人说的话、写的文字，其含义并不是唯一的，比如一词多义、望文生义，很容易让人产生误解。

电梯里贴着告示“请带好孩子”。妈妈严肃地对孩子说：“你看到了吧，只能带‘好孩子’进电梯，坏孩子不能进电梯。”孩子听了暗暗下定决心，一定要做一个好孩子，否则这辈子乘不了电梯，上不了高楼。

开发者和客户都有可能误解对方，当开发者把产品交付给客户的时候，双方才发现对需求或解决方案产生了误解，则纠错的代价会非常高。

4．客户经常变更需求

客户前期表述需求后，最近又有了新想法，于是提出了新需求。这里也许是他发现前期需求不太成熟、不太正确，才纠正了需求。

频繁的需求变更将使开发者不断地修改原本正确的工作成果，导致进度延误，质量低下，因为修改成果极易产生新的错误。如果客户不能给予补偿，那么增加的开发成本无疑是一种损耗。

5．缺乏有效的需求管理

在市场经济时代，无论是产品项目，还是合同项目，都不可能等到人们完全明确需求之后，才进行立项开发。

客户的需求是有时效性的，他们不可能等待太长时间。现实中，绝大多数项目都是在大致明确主要需求后，就进入开发过程。开发者会一边细化需求，一边开发，快速地交付试用，然后再改进。

在项目开发初期，需求比较少，容易明确，即使项目经理口头传达，项目成员也能落实。

之后需求会不断涌现，可能来自领导、产品经理、营销人员、客户代表、客服人员，等等。如果没有合适的流程和工具，就无法管理繁杂的、源源不断的需求。

当需求在开发过程中突然狂增时开发者和领导就会疑惑，也不知道已有的功能为什么发生了变更，于是项目失控，无法实现预期的进度、质量和成本。

为了加深对需求问题的理解，建议大家观看网络幽默剧《这个杀手不改需求》。

一位女画师接了客户的一个小单子，画一幅仕女图。双方对仕女的长相产生了分歧，三个月内客户变更了1 600多次需求，原本一头秀发的妙龄女画师被整得秃头了。女画师向官府报案，官府却说这个纠纷不在管理范围之内，不予受理。

女画师迫不得已求助一位杀手。这个杀手最恨言而无信之人，尤其是不断变更需求的人。在报仇的过程中，他们发现画仕女图的需求是转包过来的，原来的客户不是真客户。为了厘清需求的来龙去脉，拍了整整28集电视剧，观众们纷纷点赞。也许这个编剧也遭受过“需求苦难”，所以此剧编得真切。

需求是一切开发工作的源头，如果需求做不好，企业纠错的代价就会很高，失败的风险也会很高，所以要高度重视需求问题。

1.1.2 需求问题的对策

1. 制定需求相关流程，选择配套工具，实现需求的条目化管理

企业的所有工作归根结底都是围绕消费者的需求开展的，需求会从四面八方涌现，如图1-1所示。

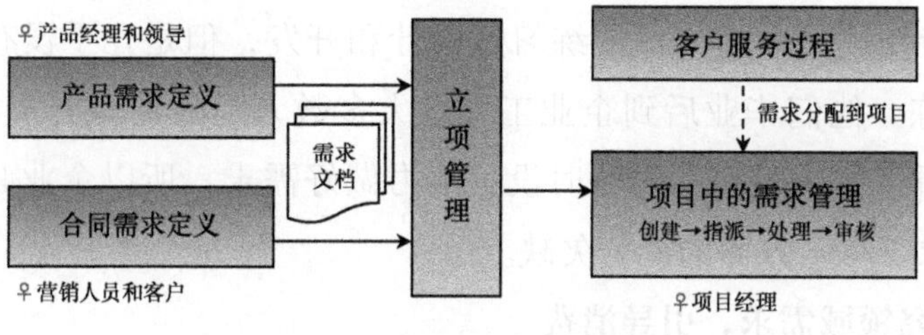

图1-1 需求的相关流程

对于自主研发的产品，产品经理负责产品需求的调研、分析和定义。对于合同项目，营销人员要尽可能厘清客户需求。

立项之后，在项目开发过程中，项目经理负责需求管理。项目需求会不断地细化，也可能不断地产生新的需求。

如果企业没有清晰的需求相关工作流程，各环节的人员就不知道如何配合，导致需求传达混乱。

企业制定需求相关的流程之后，还要有配套的需求管理工具，实现条目化管理。否则时间一长，需求的执行情况就容易被遗忘。

所谓条目化管理，就是把需求文档里面的需求拆成若干条，每一条需求都落实到责任人。责任人要跟踪这条需求的实际执行情况，如果需求发生了变更，相关人员要知道变更原因和影响。

2．需求工程中的各项技能训练

开发者都盼望：需求提出者一次性表达清楚需求且不再变更，并且各方都达成共识，但这是不切实际的。

好比医生（开发者）不能指望病人（客户）把病情讲得清清楚楚，自己听得明明白白。医生的职责和价值是诊断和解决病人的问题，即使病人自己也不清楚病情所在。

即使客户说不清需求，作为开发方的需求分析人员，也一定要准确、清楚地描述“必要并且完整”的需求，因为这是职业要求。

需求工程有 6 项活动：需求获取、需求分析、需求定义、需求确认、需求跟踪、需求变更控制。

开发者在读大学期间可能练习过设计和开发，但是几乎没有完整的需求工程训练。他们毕业后到企业工作，大多数人是凭感觉开展需求活动。即使他们看了需求流程，也暂时没有能力做好需求。所以企业必须弥补员工在“需求工程”方面的能力欠缺。

3．研究领域需求，引导消费

需求来自人的欲望。人的需求永无休止，没有高低贵贱之分。**消费者的需求是可以引导的，只有当需求和供给相匹配后，才会产生商业价值。**

即使开发者费了九牛二虎之力把客户说的全部需求都完成了，客户也不一定很满意。因为客户说的需求不一定是他内心真正想要的，有些是他不曾了解也根本想象不到的。

开发者（包括设计师）要比客户有远见，不拘于眼前需求，才能做好产品（或合同项目）。

如果每个项目都从零开始做需求分析，开发者被动地等待客户提出需求和变更需求，那么企业就会被客户牵着鼻子走，这种模式是没有前途的。

企业应当在战略高度上重视领域需求研究，系统性地深度研究领域需求。企业要比绝大多数客户更了解需求，让客户信服，从而引导客户消费。

苹果公司研发手机，腾讯公司研发微信，从未向客户询问过需求，因为开发商比用户更加了解需求，能正确引导用户消费。

上述三点需求对策，说起来比较容易，但是执行难度比较大，所以企业人员要有毅力坚持改进，才可能做好需求工作。如果想更好地了解需求的相关知识，欢迎读者阅读我的另一本著作《天性：长久需求和无限商机之源》。

1.2 设计的常见问题和对策

我们把设计分成两大类：一类是用户看得见的设计，另一类是用户看不见的设计。

例如一栋大楼，看得见的是这个大楼的外观和每个房间的设计。而看不见的设计包括大楼的地基、框架结构和隐蔽工程等的设计。

从上例可以知道：看得见的设计是给用户直接使用的，用户能够快速地感知设计的价值；而看不见的设计则支撑了产品的可靠性，用户要用较长时间之后才能够感知到其价值。

1.2.1 设计的常见问题

（1）企业虽然重视看得见的设计，如产品外观和人机交互设计等，但比较遗憾的是，设计缺乏吸引力，不能打动消费者，导致产品销量不高。

（2）很多企业不重视那些看不见的设计（后台设计），因为消费者看不见后台，有问题再改。

以 IT 产品为例，技术框架、安全性、性能、可扩展性等属于看不见的设计。若在设计初期缺乏远见和投入，认为能用就行，则当用户规模发生比较大的变化时，这个系统就会不断地出现故障。当需求发生变更的时候，后台也无法适应变化。若这样的事情频繁发生，用户会觉得这个产品质量不好，就会放弃使用。

如果看得见的设计做不好，消费者不感兴趣，产品就没有销量。如果看不见的设计做不好，消费者虽然买了，但是产品经常出问题，消费者也会放弃产品。

1.2.2 设计问题的对策

1. 看得见的设计

产品经理、营销人员和设计师要经常聚在一起，深入地探讨产品的设计方案。首先要明确究竟是什么因素打动了用户，这些因素又叫“吸引力要素”，比如说美观、独特、有趣、安全、健康、舒适环保、易用等。

注意，卖方经常宣传的“产品功能多”不一定能打动用户，因为其并不在乎可有可无的“多功能”。

并不是每个产品都要比拼美观，有时候有趣可能比美观更加重要。比如有的短视频社交软件，其操作界面不是很美观，但是用户量极大。

企业不要去做“面面俱到”的平庸设计，而要先研究用户的特征，提炼出这款产品的吸引力要素，然后集中精力把“吸引力要素”做好。

2．看不见的设计

公司的技术骨干要提前进行技术框架选型，如果没有现成可用的，那么可以自己重新研发。好的技术框架可以让公司使用若干年，且能适应各种变化。

公司技术骨干要参与项目的立项评审和设计评审，要让全部项目构建在公司指定的技术框架之上。不能让项目团队自由开发，否则，不久之后公司的技术产品将五花八门，互不兼容，开发效率和质量也会很低。

想要了解更多的设计话题，欢迎读者阅读我的另一本著作《吸引：产品制胜的设计思维》——专门探讨如何打造产品吸引力。

1.3 质量和效率的常见问题和对策

开发者都希望研发工作做得又好（高质量）又快（高效率），但鱼和熊掌往往不能兼得。即使个体的研发能力比较强，也不意味着整个团队的效率高、产品质量高。只有好的研发管理，才能有效发挥全部个体的能力。

1.3.1 质量和效率的常见问题

1．没有研发过程管理，导致质量和效率不高

企业领导经常追求管理的理念和方法，虽然很有道理，员工们也都清楚，但是并没有落实到流程中和工具上。

研发管理的专业性很强，也算是比较深奥的学问，员工无法凭借领导讲话和自己领悟就能把研发工作做好。

如果员工并没有真正执行流程，没有使用合适的工具，那么研发过程必定混乱，从而导致效率和质量不高。

一群缺乏有效管理的武林高手是没有战斗力的，在没有和敌人战斗之前，他们就开始内讧了。这个思想也适用于企业。

十多年前，我曾经给上海一家软件公司做研发管理咨询。这家公司约50人，做政府信息化项目。

研发总监自豪地对我讲："政府信息化需求旺盛，只要做得好做得快，项目源源不断。我们招聘的开发人员技术都很好，工资也比较高。目前所有的编程语言，如C/C++、Java、Delphi、JSP、VB、PHP，我们公司都会做。国内最先进的软件技术，我们都用上了。以我们的能力和发展趋势，估计几年后就能成为全国一流的软件公司。"

公司总裁却愁眉苦脸地对我说："公司人员的技术不错，项目不缺钱，一开始做得很快，但是交付试用的时候毛病非常多，客户用着用着就死机了，哪个项目都无法正常结项。每个项目都埋了很多地雷，不知道什么时候爆炸。我经常被客户叫到现场教训，各级领导看着我，要我几小时内把系统恢复正常，否则要承担若干后果。客户要求我每天24小时开机，我一听到电话响就哆嗦。家丑不可外扬，我真的很苦啊。我感觉自己都要精神崩溃了。"

我诊断的结论是：这是一家由没有研发管理的一群高手组成的企业，个体崇尚自由，不愿意被管理，喜欢在客户项目中使用各种新技术，个人的喜好高于客户需求，他们很不适合开发政府信息化项目。

2．几乎所有的项目都从零开始开发

几乎每个项目都重复开发其他项目做过的功能，又重复产生相似的缺陷，然后去修正缺陷，消耗了很多精力。这种做法会导致效率和质量都不高。

3．质量意识薄弱

很多开发人员没有自我测试和自我优化的习惯，他们认为提高质量是公司质量部门的事情，或者是公司领导的事情。

有些开发人员在任务一完成后就抛给测试人员去测试。等测试人员发现问题后再通知他们修改，如果没有发现问题，就说明产品很好。结果导致测试人员花费大量精力去测试浑身缺陷的产品，做了很多无用功。

如果质量管理不够仔细，有缺陷的产品匆忙上市，后续退货、修正的代价会很高。

1.3.2 质量和效率问题的对策

（1）企业必须制定研发管理流程，选择配套的工具，对相关人员进行培训，确保所有员工都明确流程，且会使用相应的工具。

凡是流程和工具能解决的事情，建议领导就不要去干预，尤其不要发生多人重复管理的现象。

（2）企业要不惜在建设公共技术平台上多投入资本。

公共技术平台的技术功能都是可复用的。每个应用项目不要全部从零开始做起，而应直接从平台中调用已经做好的功能。

如果一个应用项目的大量功能都直接从公共技术平台调用，会节省大量人力和物力。这时只需要集中精力开发新功能即可，开发效率和质量必定会更高。

（3）企业要多花时间去建设知识库。

就是把前人的经验教训、心得体会制作成规范化的知识，便于学习交流。例如把知识做成网页，其中包含有文字、图片、视频和其他附件，员工用手机就能浏览这些知识。

这些知识可以帮助员工少犯相似的错误，少走弯路。

（4）企业一定要对全员灌输质量理念：**任何人都必须对自己的工作成果负最大的责任（责任到人），而不是由质量部门或公司领导来负责。**

1.4 项目管理的常见问题和对策

项目管理的好坏，与管理方法和项目经理个人有很大关系。

1.4.1 项目管理的常见问题

1．项目经理过度管理或者过少管理

（1）过度管理，是指项目经理事无巨细地监督每一个项目成员的工作过程。一方面让项目成员很烦恼，另一方面项目经理自己也没有精力去做重要的开发工作。

（2）过少管理，是指项目经理只顾自己埋头干活，根本不考虑别人做什么、怎么做、成果怎么样。他虽然有项目经理的头衔，但是没有行使项目经理的职责。

2．项目经理对项目成员缺乏监督

比如，项目成员没有使用代码版本管理工具，大家经常修改别人的代码，导致项目的代码版本较多且混乱。再如，项目成员不使用缺陷跟踪工具，不知道有哪些缺陷，也不知道缺陷处理情况，导致质量较低。

3．项目经理的技术能力和需求掌控能力不足

项目经理不能及时解决开发过程中遇到的一些技术障碍（自己无法解决，也没有寻求外援），导致项目开发堵塞在某个地方无法前进。

项目经理不能透彻理解需求和控制需求变更，导致团队经常返工。

4．公司没有立项管理和结项管理

项目团队不清楚这个项目的来龙去脉和项目的目标，也不清楚怎么样才算是做完了。

老项目停不下来，新的项目又不断地产生，工作没有完结，导致员工对自己曾经做过的功能的价值产生怀疑。

1.4.2 项目管理问题的对策

1．企业一定要有立项管理和结项管理过程

在项目启动的时候，要让全员明确项目的来龙去脉和目标，以及工作流程和指定的工具，确保每个人都理解“做什么、怎么做”。

在结项的时候，要让项目成员知道哪些工作做得好，哪些工作需要改进以及如何改进。

2．项目经理的管理聚焦在任务进度和工作成果的质量上

项目经理不仅自己要研发，也要监督项目成员的工作。如果项目成员的进度没有延误，成果质量也高，那就尽量不要干扰他。

如果进度延误或者质量不合格，项目经理要及时了解原因，帮助项目成员解决问题，这样才能够让项目顺利地开展。

3．项目经理不仅要持续提升自己的技术能力，还要提升需求研究能力

需求研究能力甚至比技术能力更加重要，如果对需求的理解出现偏差，可能导致项目团队迷失方向，需要不断返工，开发效率和质量很低，代价很高，士气低迷。

1.5 产品管理的常见问题和对策

第一个问题：很多企业搞不清产品管理和项目管理之间的区别，也搞不清产品经理和项目经理之间的区别，经常套用合同项目的开发模式去做产品，这样是做不好产品的。

解决这个问题的对策：企业一定要制定产品管理流程，厘清产品经理的职责。（详见 7.1 节）

产品经理决定“做什么”，项目经理负责实现。

产品经理要站在消费者角度去思考问题，努力使这个产品符合消费者的需求，并且吸引消费者。

项目经理是这个产品的开发负责人，他要努力使开发团队实现期望的进度、质量和成本。

第二个问题：企业很难招聘到优质的产品经理，优质的产品经理留不住，他们可能去更好的企业，或者干脆自己创业，怎么办？

解决这个问题的基本对策：企业要用较高的薪资招聘产品经理。如果招聘不到合适的人员，就自己培养。

企业要挑选那些对消费者行为有洞察力的人，这样的人适合培养成为产品经理。可能他一开始不会做产品，但只要遵循产品管理流程，多思考和实践，很快就能学会。

很多小企业老板最初并不懂产品管理，他们出于生存的本能成为产品经理，当产品在市场上取得成功后，企业存活了下来。但之后就不能再依靠本能和感觉去做产品了，因为风险太大。

企业要花精力去培养产品经理和项目经理，因为他们是研发团队的核心力量。

1.6 跨部门协作的常见问题和对策

1.6.1 跨部门协作的常见问题

（1）各个部门之间的接口人员互不熟悉对方的流程，沟通起来比较困难。

比如营销部门、研发部门、生产部门、施工部门、服务部门，各工种差异比较大，如果一件事情要遍历上述部门，想要顺畅执行的确比较困难。

（2）上游传达给下游的需求或任务不清晰，而且经常变更，这会导致下游不知所措或不断地返工。

（3）上游不了解下游的工作进展情况，不知道他们的工作负荷。可能下游人员已经疲惫不堪了，但上游人员还在不断地下达任务。下游忙不过来而造成工作堵塞，导致任何新的任务都无法执行。

（4）跨部门利益冲突。不同部门的业绩考核是不一样的，比如营销部门的人员总是希望签下更多的合同，他们会答应客户各种各样的需求，还可能会承接一些利润很低的项目。这些都会增加开发人员的压力，导致哪个项目都做不好，研发力量无法聚焦，做不出精品。

1.6.2 跨部门协作问题的对策

（1）企业要制定覆盖全部工种的流程。每个部门都有相应的工作流程，本部门和接口人员要进行流程培训。

能力成熟度模型 CMMI 的第三级叫“已定义级”，就是指全公司的流程已经定义好、已经标准化，相关的人员都能够按照既定的流程来执行。

（2）企业要赋予下游制约上游的机制。否则，压力一定会堆积到下游。

比如，如果测试人员可以拒绝测试质量不达标的产品，就会逼迫开发人员认真对待自己的工作成果。开发人员开发完成某项工作，及时自我测试，很快就会发现问题，及时把问题解决，这样会大幅度提高开发和测试的效率。

（3）企业要重视文化建设。**所有跨部门合作中的矛盾，归根结底都是企业文化的问题，因为员工缺少为集体利益而奋斗的意识。**

企业文化建设就是建立全员认同的价值观，从而减少内耗，提高全员战斗力。企业文化建设属于企业顶层设计。

1.7 商业模式的常见问题和对策

1.7.1 商业模式的常见问题

（1）合同项目的商业风险比较低，但是利润也低，没有发展前途。有些企业的主业是开发合同项目，在签订合同的时候，能够估算出大致的毛利，觉得可以承接。但是客户的需求经常变化，项目不断延误，无法正常验收。开发者的成本不断增加，利润越来越少，导致开发人员的付出和收获比例失衡。

（2）有些企业开发自主产权的产品，商业模式貌似比合同项目略好。但是自主产品也有很大的风险，如果设计不够好，产品没有吸引力，无法打动消费者，就很难销售，造成库存积压，成本损失严重。

有些复杂的产品可能要到客户现场去实施（如安装、调试和维修），企业一般都会寻找当地的合作伙伴。如果合作伙伴能够赚到期望的利润，他会一直合作下去。反之，如果实施的代价比较高，合作伙伴赚不到期望的利润，他可能很快就会放弃这个业务。

（3）商业模式不好导致开发人员忙碌不停却收入较低。开发人员感觉自己的技术水平没有长进，也看不到前途，结果导致能力强的员工离职，企业损失严重。

1.7.2 商业模式问题的对策

企业领导最重要的使命是找到具有竞争优势的业务，设计具有合理利润的商业模式。

如果商业模式较差，那是无法靠勤劳工作来挽救的，必须“断舍离”。因为勤劳虽然可以脱贫，但是很难致富，致富主要靠商业模式。

在企业发展过程中，其商业模式可能会调整。商业模式是很复杂的，一般要从 7 个方面来研究，包括价值、消费者、产品和服务、盈利模式、供应链、营销、竞争力，如图 1-2 所示。

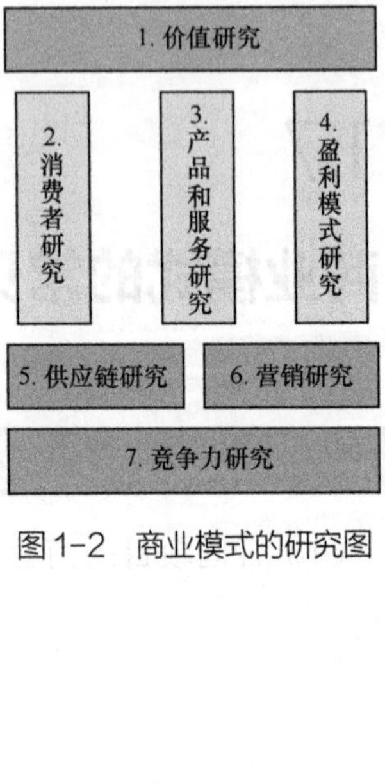

图 1-2 商业模式的研究图

若要了解更多的商业模式，欢迎读者阅读我的另一本著作《做对：创业决策和执行的历练》。

2 研发管理的基本概念

如今中国的互联网、物流和商业都很发达，但如何做出好产品依然是个难题，这也是企业的核心竞争力。

研发管理的目的是在预定的时间和成本之内开发出让消费者满意的产品，这是很不容易的事情。研发管理的方法比较复杂深奥，管理者需要花费更多精力去学习和应用。

本章介绍研发管理的基本概念，主要包括：研发管理的目的、困难和意义，研发管理体系的构成要素，研发管理方法论的演变，CMM/CMMI、敏捷理念和迭代开发模式。目的是帮助企业管理者理解研发管理，建设适合自身的研发管理体系。

2.1 研发管理的目的、困难和意义

研发管理的目的是在预定的时间和成本之内开发出让消费者满意的产品。这里的满意，是消费者对产品功能、质量、吸引力和价格的综合要求。

研发管理要同时兼顾质量、进度和成本，好比鱼、熊掌和美酒三者兼得，这是很困难的事情。

本书第 1 章从 7 个方面讨论了研发管理的常见问题。为何研发管理会有那么多的问题？主要原因是产品研发是智力创造过程，很难被准确地感知和有效管理。

很多企业管理者看程序员写代码、工程师画电路图，很难想象代码和电路图会产生什么样的最终产品。也许员工辛苦地研发，最后做出来的东西不是客户想要的。客户不愿意购买，导致损失很大。

企业既希望研发人员遵循流程，做出质量、进度、成本可控的东西，又希望他们具有创造力，敢于研发创新的产品，这又可能导致质量、进度、成本不可控。

对于生产线上的工人和做例行工作的人员，一般可以用出勤率和工作量来评估他们的业绩。但是研发人员的绩效是很难评估的，因为研发的难度、效率、质量、经济效益很难量化。

企业为什么要做那么复杂和困难的研发管理呢？

它有两个重要的意义。

（1）所有竞争最终比拼的都是好产品（好服务），而好产品是研发出来的。

近几年，直播带货很火爆，很多带货的网红赚了大钱，人们蜂拥而至。如杭州、宁波这类城市，就有数十万职业带货人。东北老工业基地的人们也忙着拍短视频和直播。直播带货的竞争非常激烈，也成了红海市场。

其实只有少数的头部网红赚了大钱，而大多数普通人只赚了点辛苦钱，或者亏钱（流量费太贵）。如果商品不好，即使卖出去了也会被退货。

那么，好产品从何而来？

除了自然资源之外，绝大多数好产品都是辛辛苦苦研发出来的。越好的产品，研发投入就越大。所以，具有研发出好产品的能力，是企业持久的核心竞争力。

（2）企业的研发管理体系一旦建立好，就好比是铁打的营盘，是企业持续发展的扎实根基。

企业不必害怕人员流动。不合适的人走了，新人进来之后，经过相应的培训，也可以很快地融入体系之中。新人按照流程开展工作，就能很快创造价值。

2.2 研发管理体系的四个要素

体系是指整体解决方案，是让企业有条不紊开展研发工作的系统。研发管理体系有四个要素：思想方法、工作流程、配套工具和人力资源，如图 2-1 所示。

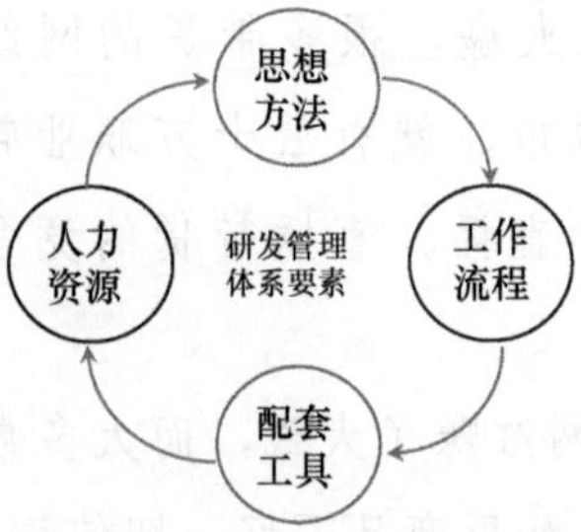

图 2-1　研发管理体系的四个要素

2.2.1　思想方法

所谓思想方法，就是对前人总结的很多经验教训进行提炼，升华为哲学、理念、解决方案等，用于指导具体的实践，达到举一反三、触类旁通的效果。

思想方法一定要落实到工作流程中，否则就是空想和空谈。

有些人说：学了一辈子的人生道理，还是过不好人生。为什么？因为他们没有把人生道理落实到工作和生活之中。

如果没有思想方法，企业能否处理好“工作流程、配套工具和人力资源”呢？这就相当于“闭门造车”搞研发管理，大概率会走弯路，试错的代价非常高。

2.2.2　工作流程

所谓工作流程，就是规定了“某类工作怎么做”，包括操作步骤、输入和输出，以及限制条件（如时间、质量）等。

人们按照流程开展工作，大概率不容易犯错误，也不会发生混乱，所以效率和质量都比较高。

相比于行政、销售、生产而言，研发管理的流程更加复杂深奥，学习和执行更加困难。

项目管理过程包含立项管理、需求管理、任务进度管理、变更控制、代码和文档管理、成本管理、结项管理等过程域。

项目开发过程包含需求开发、软硬件设计、模块开发与集成、测试与缺陷跟踪等过程域。

项目实施过程包含现场勘察、方案审核、实施指导、过程检查、试用和验收等过程域。

上述过程域全部加起来，才达到能力成熟度 2 级。更高级别的成熟度，对应更多的过程域。

越是复杂的工作流程，越要早制定、早培训、早执行，否则，让员工只靠本能工作，必定混乱不堪。

2.2.3 配套工具

这里所说的工具，包含生产工具和管理工具。

中国古语曰"工欲善其事，必先利其器"，这个"器"就是工具的意思。对于某些高频操作的流程，如果有配套的工具来支持它，可以大幅度提高效率。

企业通常比较重视生产工具，因为如果没有好用的生产工具，生产效率就比较低，这个道理众人都明白。

农民用锄头挖地，一天挖三分地就累了。而机械化作业的效率比体力劳动的效率高出百倍，这就是先进工具的价值。

企业一般比较轻视管理工具，因为管理工具创造的效益是间接的，没有紧迫感，所以企业可能舍不得花钱购买。

我曾经给数百家 IT 企业做研发管理咨询，很多企业管理者对企业战略和企业管理侃侃而谈，但是多数企业连代码版本管理工具和缺陷跟踪工具都没有。管理者虽然高瞻远瞩，但是不能脚踏实地。无论企业宣传多么光鲜，但实际的研发管理水平还达不到 CMMI 2 级。

管理工具能够把工作流程管理好，提高管理效率。更重要的是它积累

了流程中的真实数据，可以进行数据分析，为企业的决策提供重要依据。

生产工具是不可或缺的劳动工具，而好的管理工具则是决策辅助工具，各自发挥价值。

2.2.4 人力资源

企业所有的工作都是人做的，而人掌握了思想方法、工作流程和配套工具，才能把工作做得又好又快。

人力资源管理的核心工作包括：

（1）根据工作流程来设计（或优化）相应的组织结构，制定岗位职责，再把人员分配到合适的岗位上。

（2）对每个岗位上的人员，培训相应的“工作流程和配套工具”，可提高他们的工作效率。

（3）人员的薪酬设定，以及绩效评估。

（4）围绕企业的核心竞争力，发掘（招聘）人才、培养人才、激励人才，从而持续提升企业的核心竞争力。

2.3 研发管理方法论的演变过程

近20年，研发管理方法论的演变过程有三个重要的时间节点：2000年、2012年和2020年（见图2-2）。

（1）在2000年之前，中国的网速很低。研发管理还处于萌芽状态，至多是在局域网内使用少量工具。

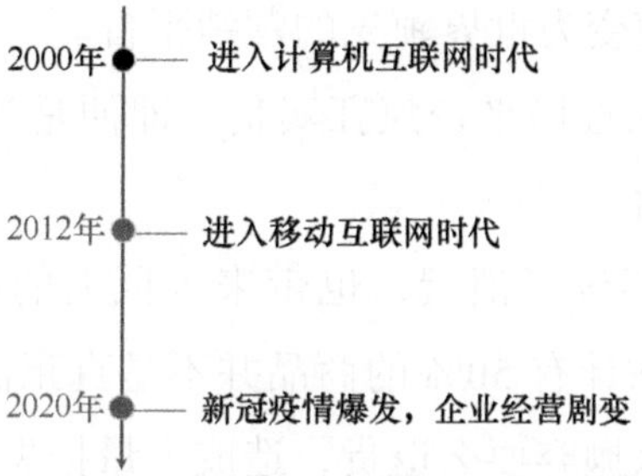

图 2-2　研发管理方法论的演变过程

（2）进入 2000 年之后，中国大规模建设互联网和移动通信基础设施。从 2000 年到 2012 年，全国范围内实现了光纤到户，网速越来越快，中国进入了“计算机互联网时代”。

这个时期，研发项目的周期比较长，半年到一年的项目比例很高，甚至数年的项目也不少。项目管理很重视计划和预算。

从 2000 年开始，中国政府在全国范围大力推动 CMM/CMMI 等级评估，给企业资助几十万元乃至上百万元。10 年时间，累计有数千家 IT 企业通过 CMM/CMMI 各级评估。大量 IT 从业人员学习并实践了 CMM/CMMI，掌握了国际通用的研发管理方法，这对中国 IT 行业发展有很大的帮助。

（3）进入 2012 年之后，智能手机和移动通信在国内普及，中国进入了“移动互联网时代”。

其间，微信社交用户量爆发，电商、外卖、共享应用、移动支付等蓬勃发展。每年有大量的 App、公众号和小程序发布。

移动互联网改变了人们的消费习惯。消费者非常在意“便捷”，市场需求变化迅速，长周期的项目越来越少，短周期的项目越来越多。于是敏捷理念和迭代开发模式逐渐占据主导地位。

（4）到了 2020 年，全球新冠疫情爆发，人们的生活和工作受到极大影响，国际关系、世界贸易、企业经营模式发生了剧变。

2020 年初期，人们待在家里，大量时间用于短视频社交。随着用户的增多，短视频社交就演变为世界领先的营销平台。

每天有数百万人在直播平台疯狂卖货。即便是半夜三更或凌晨，还有很多人不眠不休地直播。

直播卖货极大地促进了消费，也带来了巨大的问题。消费者看直播，很容易冲动买东西，估计有50%的商品并不是真正需要的，商品质量也可能达不到期望值，要么抛弃要么退货，造成大量损失和浪费。

国际和国内形势促使人们研究各种对策，包括改进研发管理解决方案。新的研发管理解决方案，要满足以下现实需求。

（1）**多数企业不再做长周期的项目，因为风险太高，失败的代价太大。**研发管理体系要快速响应市场需求和适应变化，研发产品既要快又要好，既让消费者满意，又要降低开发的代价。

（2）要支持异地协同工作，因为疫情导致出差和聚集不便。未来的同事、合作者或客户可能从未在线下见过面，要常在网上开展工作。**这就要求流程和工具容易理解、便于执行和使用，否则很难实现异地协同工作。**

普通企业创造出全新的研发管理方法论较难，最好的办法是融合CMMI、敏捷和迭代。

2.4 能力成熟度模型 CMM/CMMI 介绍

从20世纪80年代起，“过程改进”成为软件工程和研发管理领域的主流方法。美国卡内基梅隆大学软件工程研究所（Software Engineering Institute，SEI）受联邦政府的委托，研发了一种评估软件开发商能力的方法，该方法逐渐发展成为软件能力成熟度模型（Capability Maturity

Model，CMM）。SEI 于 1993 年推出了 CMM1.1，被世界各国采纳。

之后 CMM 不断地改进和拓展应用范围。美国国防部牵头，联合学术界、企业界和联邦政府，组成团队研制了“能力成熟度模型集成”（CMMI），于 2002 年发布了 CMMI1.1。

CMM/CMMI 是国际公认的衡量企业过程管理能力的标准。我国企业通过 CMM/CMMI 等级评估的数量占全球半数以上。

CMMI 将能力成熟度分为 5 个级别：初始级、已管理级、已定义级、量化管理级和优化级。这 5 个成熟度等级为评价过程能力提供了循序渐进的级别，如图 2-3 所示。同时也为过程改进工作指明了方向，让人们分清轻重缓急，指导他们一步一步地提升过程能力，不要企图跳跃式地前进。

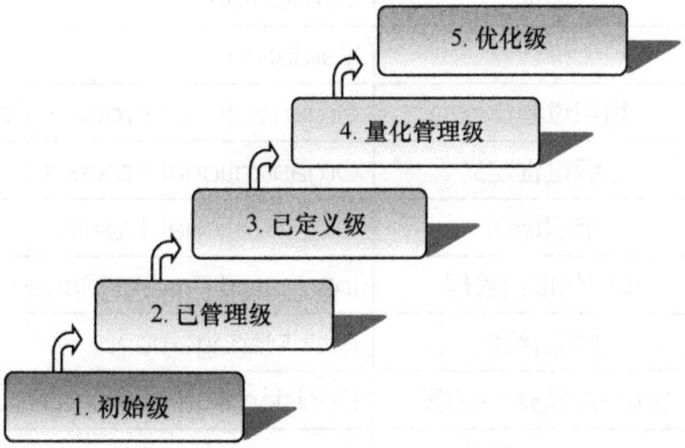

图 2-3　CMMI 的 5 个成熟度等级

除了成熟度等级，CMMI 还有一个重要的概念——过程域（Process Area），每个过程域包含一系列关键实践（Key Practices）。

CMMI 一共有 22 个过程域。除了初始级以外，每个成熟度等级都有若干个过程域，如表 2-1 所示。

表 2-1 CMMI 的 22 个过程域

CMMI 等级	过程域中文名称	过程域英文名称
2级 已管理级 7个过程域	需求管理	Requirements Management
	项目规划	Project Planning
	项目监控	Project Monitoring and Control
	供应商协议管理	Supplier Agreement Management
	度量分析	Measurement and Analysis
	过程和产品质量保证	Process and Product Quality Assurance
	配置管理	Configuration Management
3级 已定义级 11个过程域	需求开发	Requirements Development
	技术方案	Technical Solution
	产品集成	Product Integration
	验证	Verification
	确认	Validation
	组织过程焦点	Organizational Process Focus
	组织过程定义	Organizational Process Definition
	组织培训	Organizational Training
	集成化项目管理	Integrated Project Management
	风险管理	Risk Management
	决策分析与解决方案	Decision Analysis and Resolution
4级 量化管理级 2个过程域	组织过程绩效	Organizational Process Performance
	量化项目管理	Quantitative Project Management
5级 优化级 2个过程域	原因分析与解决方案	Causal Analysis and Resolution
	组织绩效管理	Organization Performance Management

CMMI 1 级是“初始级”（Initial），就是很混乱的状态，没有过程域。

CMMI 2 级是“已管理级”（Managed），对应 7 个过程域。

最初 CMM 2 级称为“可重复级”，是指项目的成功经验可以复制，这个名称听起来形象生动。后来 CMMI 2 级名为“已管理级”，指的是“项目已管理”。

CMMI 3 级称为“已定义级”（Defined），对应 11 个过程域。指的是企业所有的流程都已经定义了，全员按照已定义的流程开展工作。更确切的中文翻译应该称为“全过程管理”。

CMMI 4 级称为“量化管理级”（Quantitatively Managed），对应 2 个过程域。指的是企业积累了很多真实的过程数据，能够建立数学模型来进行绩效分析。

CMMI 5 级称为“优化级”（Optimizing），对应 2 个过程域。为了使企业持续发展，需要不断地优化。

由于成熟度等级是循序渐进的，如果想达到某个成熟度等级，例如 CMMI 3 级，除了满足 CMMI 3 级本身 11 个过程域之外，还要满足 CMMI 2 级的 7 个过程域，以此类推。

特别要注意的是：级别越低的过程域，优先级越高。

CMMI 是非常完善的过程管理方法论，具有极高的学术价值。但是在应用 CMMI 时有两个缺点需要注意。

（1）CMMI 英文原版文档不到 600 页，书写非常严谨，但是抽象深奥，非专业研究人员可能看不懂，甚至没有勇气阅读。

（2）CMM/CMMI 最初是为美国国防部的软硬件开发商服务的，目的是提升过程质量和产品质量，几乎不考虑成本。

它假设企业具有充足的人力资源、时间和经费，企业实施 CMM/CMMI 所付出的成本都将计入国防部的外包项目经费中（即甲方承担成本）。企业的能力等级越高，承接的项目也就越大，效益也越高。

而我国很多企业不具备上述商业环境，通常是在人力资源、时间和经费不充分的条件下开发项目（产品），所以不能完全按照 CMMI 规范来执行，否则代价太高、难以生存。

2.5

敏捷理念介绍

许多软件公司的过程管理比较混乱，为了解决此种问题而引入了复杂的流程管理，却导致效率降低，无法快速响应市场需求。

2001 年，一批专家总结了可以让软件团队具有快速开发和响应变化能力的价值观和指导原则，他们自称为敏捷联盟（Agile Alliance）。他们起草了敏捷宣言，如图 2-4 所示。然后在该宣言的基础上制定了 12 条原则，以用于指导实践。

我们正在通过亲身实践和帮助他人实践，揭示更好的软件开发方法。我们认为：

个体和交互	**胜过**	**过程和工具**
可以工作的软件	**胜过**	**详尽的文档**
与客户合作	**胜过**	**合同谈判**
及时响应变化	**胜过**	**遵循计划**

虽然右项很有价值，但是我们认为左项具有更大的价值。

图 2-4 敏捷宣言

敏捷软件开发的 12 条原则如下。

（1）我们最优先要做的是通过尽早地、持续地交付有价值的软件来使客户满意。

（2）即使到了开发的后期，也欢迎改变需求。敏捷过程利用变化来为客户创造竞争优势。

（3）经常性地交付可以工作的软件，交付的间隔可以从几个星期到几个月，交付的时间间隔越短越好。

（4）在整个项目开发期间，业务人员和开发人员需天天都在一起工作。

（5）围绕被激励起来的个人来构建项目，给他们提供所需的环境和支持，并且信任他们能够完成工作。

（6）在团队内部，最具有效果并富有效率地传递信息的方法，就是面对面的交谈。

（7）可以工作的软件是首要的进度度量标准。

（8）敏捷过程提倡可持续的开发速度。责任人、开发者和用户应该能够保持一个长期的、恒定的开发速度。

（9）不断地关注优秀的技能和好的设计会增强敏捷能力。

（10）简单——把无须做的工作最大化的艺术——是最根本的。

（11）最好的构架、需求和设计出于自我组织的团队。

（12）每隔一定时间，团队会在如何才能更有效地工作方面进行反省，然后对自己的行为进行相应的调整。

“敏捷”是一个非常动听的形容词，它表达了简单、快速、实用的开发理念，几乎所有开发者都喜欢“敏捷”。

遗憾的是，敏捷理念并不是严谨的理论，不是国际标准，不像 CMMI、PMBOK（Project Management Body of Knowledge，项目管理知识体系）那样具有严密的理论体系（而且有世界范围认可的评估证书）。

不同的企业对敏捷理念和 12 条原则有不同的理解，实践差异很大。敏捷理念对于提高个人、小型团队的工作效率是很有帮助的，前提是恰当地使用工具。

敏捷没有理论体系，用来指导大中型研发企业是有很高风险的。敏捷的某些主张是局部观点而不是全局观点，有可能导致整体混乱，而“整体的混乱”会掩盖“局部的好处”。

2.6 迭代开发模式介绍

敏捷是一个理念，迭代开发则是实实在在的开发模式。早在 20 世纪 80 年代，迭代开发模式就已经写入了软件工程教科书。

所谓软件开发模式，就是需求分析、设计、实现、测试、发布这些环节的组合。几乎所有软件的开发模式都是从“瀑布开发模式”演变而来的。

瀑布开发模式是严格的串联工作模式，如图 2-5 所示。每个环节准确无误地完成之后，才能进入下个环节。**理论上讲，如果每个环节的输入和输出都是正确的，那么最终成果也是正确的。**

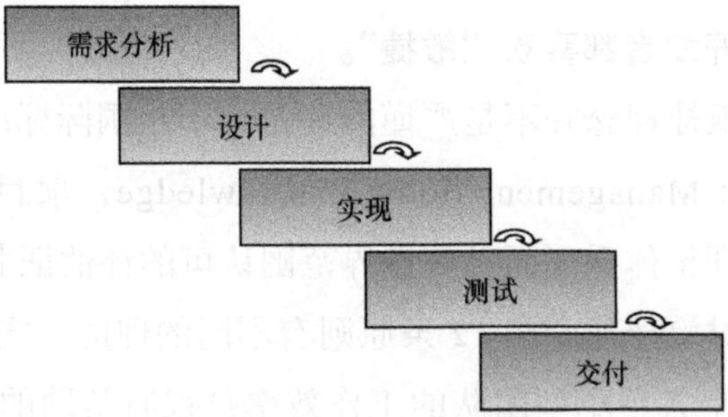

图 2-5 瀑布开发模式

瀑布开发模式成功的前提条件：项目需求在相当长的时间内稳定不变。开发人员有足够多的时间明确需求，写下详细的需求，完成详细的设计，总之每个环节的时间都比较长。

瀑布开发模式已经不适合现在的商业环境，因为客户自己都不清楚需求是什么，导致需求经常变化。

瀑布开发模式的每个环节的时间很长、成本很高，如果最终产品不是客户真正想要的，那么失败的代价很高。

所谓“迭代”就是周而复始地循环开发，每个循环仍然是需求分析、设计、实现、测试、发布版本、试用反馈这些串联的环节，如图 2-6 所示。

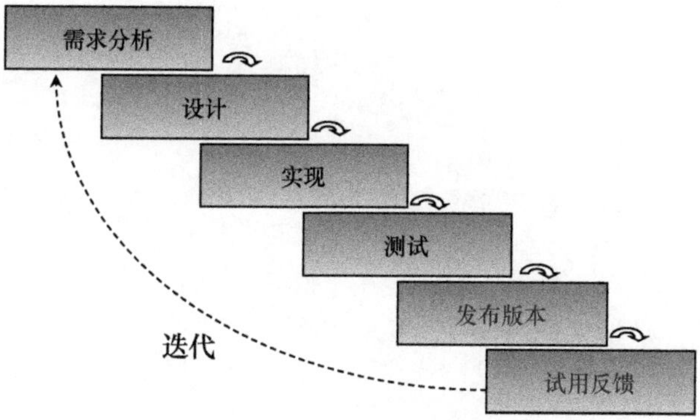

图 2-6 迭代开发模式

每个循环只做一个或几个模块，能够快速完成，发布一个版本给客户试用，获取客户反馈。然后根据客户的反馈快速地改进产品，每个新版本都更加逼近客户的真实需求。

如果发现当前版本根本不是客户想要的，那就抛弃它，虽然付出了代价，但是比起整个项目失败的代价要小得多。

迭代开发模式并没有技术层面的创新。**它把一个较长时间的项目分拆为若干可以交付试用的版本，以最小代价、最高效率开发每一个版本，降低了试错代价，是商业智慧的体现。**

3 高效能研发管理体系的建设思路

效能是效率、能力、成效的综合表述，可以简单直观地表达为“效率和能力的乘积”，即“效能 = 效率 × 能力”。高效能意味着工作既快又好，用较短的时间、较低的成本获得满意的成效。

本章论述效能 2-3-4-5 级对应的研发管理体系模型。读者理解之后，再根据企业自身特征修改模型，研制出自己的研发管理体系。

其中效能 2 级“项目已管理”和效能 3 级“全过程管理”，具有较高的通用性，符合绝大多数企业的研发管理需求。

其中效能 4 级“量化管理”和效能 5 级“持续优化”具有较大的个性化，实施难度较大，适合于少数追求“优秀 / 卓越”管理需求的企业。

3.1

研发效能的概念

企业里的工作要么是直接创造效益，要么是间接创造效益。

销售工作能够直接创造效益，可以用销售额和毛利来评估销售业绩。研发工作间接地创造效益，很难评估研发的业绩。

如果研发出很好的产品，但是销售能力很弱，也会导致效益很差，这就不能责怪研发做得差。

如果研发出平庸的产品，但是市场需求旺盛，竞争少，销售能力很强，效益很好，这种情况下也不能称赞研发做得好。

凡是间接创造效益的工作，都很难用最终效益来评估该工作的优劣，必须找到合适的评估方法。

在中文里，表达研发优劣比较恰当的词是“效能”。

效能是效率、能力、成效的综合表达，成效包括质量、吸引力、满意度、经济效益等因素。

高效能意味着工作既快又好，用较短的时间、较低的成本获得满意的成效。

效率是单位时间内产出成果的数量。能力是解决问题、把工作做好的才能。注意，能力和效率之间不一定是正比例关系。

即便个体能力很强，但如果他们很懒，或者不服从管理，那么整体效率就会比较低，效能也低。

例如《三国演义》中反董卓的十八路诸侯，每个诸侯的能力都很强，但是他们谁都不服谁，协同工作的效率极低，所以效能也极低，很快就瓦解了。

反之，如果团队效率很高，但是能力较低，他们能够很快地做出很平庸的产品，也是没有前途的。

例如，很多高效率、低水平的制造企业的产量很大，品质较差，它们主要靠机遇赚钱，如果市场竞争激烈，产品没有竞争力，将很快倒闭。

提升效率主要依靠合适的流程和工具，提升能力主要依靠培训、实践和探索，两者结合才能获得高效能。

效能这个术语既关注过程（即效率 × 能力），又关注结果（即成效），非常适用于研发管理。

3.2 融合 CMMI、敏捷和迭代

CMMI、敏捷和迭代是近 20 年来被研发人员广泛接受的研发管理思想方法，其各有优缺点。

研发管理体系有四个要素：思想方法、工作流程、配套工具和人力资源。CMMI 侧重于前两个要素，而敏捷和迭代侧重于后两个要素。所以，建设研发管理体系最有效的办法就是融合 CMMI、敏捷和迭代，取长补短。

CMMI 是世界公认的最严谨的研发管理方法论，其目标是不断提升企业的过程质量和产品质量，企业也为此付出很高的代价（包括人力、财力和时间）。

如果客户愿意承担实施 CMMI 的代价，那么最终高质量的过程和产品能够转化为高效益。

国内绝大多数普通企业是无法完全套用 CMMI 的，因为承担不起实施的代价。企业必须根据业务特征和自身的条件，较大幅度地裁剪 CMMI。普通企业应用 CMMI 的指导原则如下。

（1）保留 CMMI 能力成熟度等级框架。企业要循序渐进地提升研发管理能力，每个级别都是更高级别的基础，不能跳跃前进。

（2）不要迎合 CMMI 等级认证而使流程无比复杂化、难以执行。企业应当裁剪掉那些实施成本很高、效益很低（甚至负效益）的规范要求。CMMI 将近 600 页的文本，能够汲取 10% ~ 20% 即可。

（3）CMMI 全文不涉及盈利，但是企业必须考虑成本和效益。所以研发管理体系还要补充 CMMI 没有涉及的，但是企业必不可少的过程域，例如营销过程。营销过程既是研发过程的输入，也是其输出，两者必须放在一个体系之内。

敏捷和迭代关注的不是流程，而是人力资源和工具。企业应用敏捷和迭代的指导原则如下。

（1）加强所有员工的能力训练，如需求研究能力、设计能力、实现能力、测试能力等。

（2）加强员工之间、员工和用户之间的交流合作。

（3）每个版本的范围要小，尽可能快速地发布版本，根据用户反馈不断修正目标、改进产品。

（4）找到并使用能够匹配当前工作的工具，包括开发工具和管理工具，提高工作效率。

简要地讲，融合 CMMI、敏捷和迭代的研发管理体系，最终呈现给用户的是：适合本企业的容易理解且易于使用的流程和工具，以及称职的人力资源。

3.3 研发管理体系模型介绍

本书参考 CMMI 的能力成熟度等级框架，建立相对应的效能等级，如

表 3-1 所示。

表 3-1　效能等级和能力成熟度等级的对应关系

能力成熟度等级	效能等级	管理水平
CMMI 2级（已管理级）	效能2级（项目已管理）	及格
CMMI 3级（已定义级）	效能3级（全过程管理）	良好
CMMI 4级（量化管理级）	效能4级（量化管理）	优秀
CMMI 5级（优化级）	效能5级（持续优化）	卓越

在融合 CMMI、敏捷和迭代的基础上，本书建立“研发管理体系模型”，划分效能 2-3-4-5 级，如图 3-1 所示。

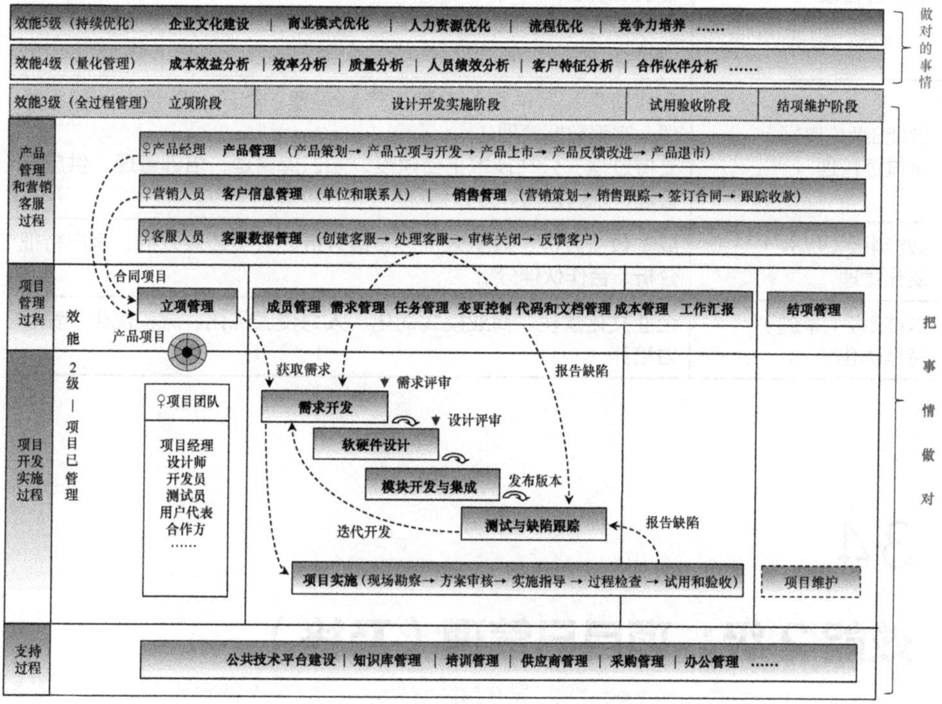

图 3-1　研发管理体系模型

该模型比较适合 IT 行业的中小型企业。读者理解建设思路后，再根据企业自身特征修改模型，即可研制适合自己的研发管理体系。

研发管理体系的效能等级和对应过程域见表 3-2。

其中效能 2 级和效能 3 级过程域具有较高的通用性，符合多数企业的研发管理需求，适合追求“及格 / 良好”管理水平的企业。效能 4 级和效能 5 级过程域，具有较大的个性化，实施难度较大，适合追求“优秀 / 卓越”管理水平的企业。

表 3-2　效能等级和对应过程域

效能等级	对应过程域
效能2级（及格） 项目已管理	项目管理过程：立项管理、成员管理、需求管理、任务管理、变更控制、代码和文档管理、工作汇报、成本管理、结项管理。 项目开发过程：需求开发、软硬件设计、模块开发与集成、测试与缺陷跟踪。 项目实施过程：现场勘察、方案审核、实施指导、过程检查、试用验收
效能3级（良好） 全过程管理	产品管理和营销客服过程：产品管理、客户信息管理、销售管理、客服数据管理。 支持过程：公共技术平台建设、知识库管理、培训管理、供应商管理、采购管理、办公管理
效能4级（优秀） 量化管理	成本效益分析、效率分析、质量分析、人员绩效分析、客户特征分析、合作伙伴分析
效能5级（卓越） 持续优化	企业文化建设、商业模式优化、人力资源优化、流程优化、竞争力培养

3.4 效能 2 级：项目已管理（及格）

在研发管理体系中，效能等级越低，对应过程域的优先级就越高。也就是说效能 2 级“项目已管理”是研发管理的最高优先级。

这很容易理解，因为无论什么类型的研发，都是以项目的形式开展的。如果企业不具备“项目已管理”的能力，那么所有高等级的愿望和目标都会落空。

效能2级的研发管理体系模型如图3-2所示。项目的过程可分3个类型：项目管理过程、项目开发过程和项目实施过程。

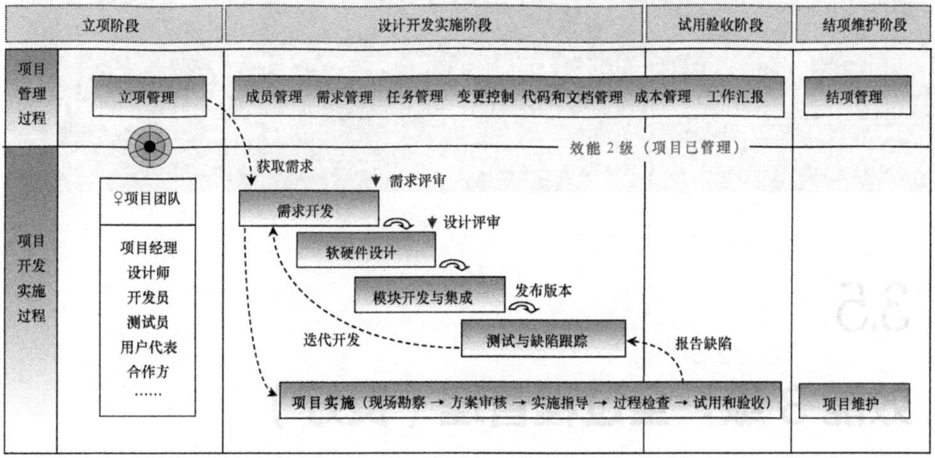

图3-2 效能2级的研发管理体系模型

1．项目管理过程

项目管理过程主要有以下过程域：立项管理、结项管理、成员管理、需求管理、任务管理、变更控制、代码和文档管理、工作汇报、成本管理等。

其中立项管理和结项管理是一次性工作，其他是多次性工作。

2．项目开发过程

项目开发过程主要有以下过程域：需求开发、软硬件设计、模块开发与集成、测试与缺陷跟踪。这四个过程域构成了一个迭代，可以周而复始地开展。每一个迭代都推出一个可以试用的版本。

3．项目实施过程

项目实施，是指到客户指定的环境里施工（如安装、调试、培训等）。

实施和开发有很大的区别：开发存在着不确定性（成果还没有诞生），而实施则是确定的（待实施的成果已经存在）。

项目实施过程主要有以下过程域：现场勘察、方案审核、实施指导、过程检查、试用和验收等。

| 提示 |

一个项目可能只有研发，或只有实施，也可能研发和实施兼而有之。因此项目的过程有三种组合形式：项目管理过程 + 项目开发过程；项目管理过程 + 项目实施过程；项目管理过程 + 项目开发过程 + 项目实施过程。

3.5 效能 3 级：全过程管理（良好）

全过程管理，是指企业全部的工作流程都已经制定好，并且全员按照这些流程来执行。

效能 3 级的研发管理体系模型如图 3-3 所示，它在效能 2 级的基础之上拓展了两类过程：产品管理和营销客服过程，研发支持过程。

1．产品管理和营销客服过程

这个过程主要有以下过程域：产品管理、客户信息管理、销售管理、客服数据管理等。这些过程域与消费者密切关联。

2．研发支持过程

研发支持过程不直接参与研发，但是对研发有持久的帮助，起到幕后支持作用，好比是战争中的后勤保障。

其主要有以下过程域：公共技术平台建设、知识库管理、培训管理、供应商管理、采购管理、办公管理等。

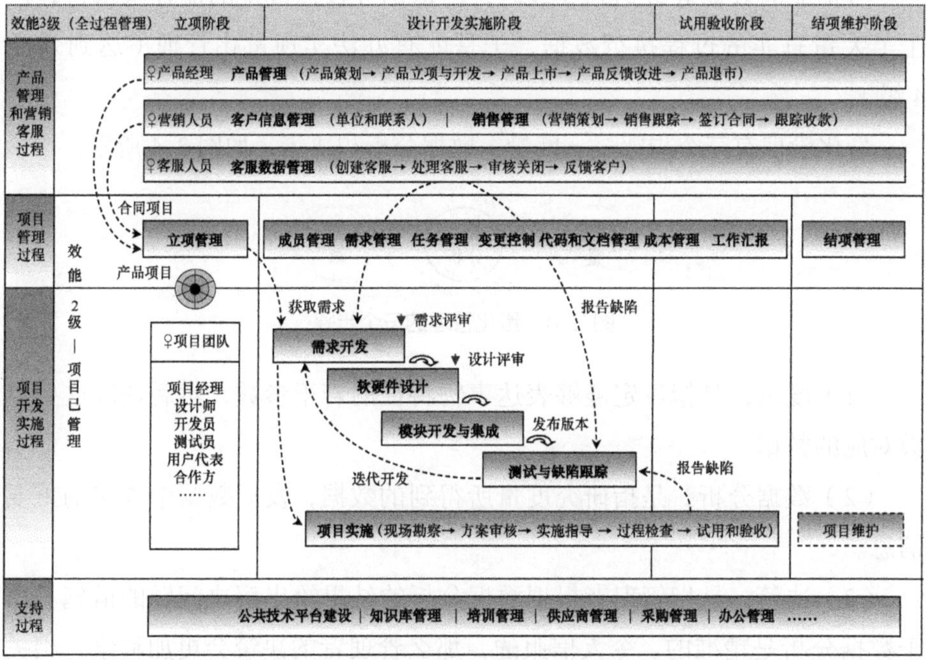

图 3-3 效能 3 级的研发管理体系模型

3.6 效能 4 级：量化管理（优秀）

量化管理是指用数字来表述工作目标和实际执行情况，为管理者（及相关人员）了解问题和解决问题（或决策）提供精准的、令人信服的数字依据。

量化管理并不是革命性的创新管理方法，它是建立在过程管理基础之上的更加智慧的管理方法。

当企业的效能等级达到 3 级时，全员已经按照既定的流程来执行，产生了大量真实的过程执行数据，于是就有办法实现量化管理（达到效能 4 级）。

量化管理有三个步骤——度量、数据分析和决策，如图 3-4 所示。

图 3-4　量化管理的三个步骤

（1）度量，是指设定能够表达事物特征的若干参数，然后提取这些参数对应的数据。

（2）数据分析，是指研究度量所得到的数据，发掘数据中蕴藏的重要信息。

（3）决策，是指管理者根据数据分析的结果给出解决问题的措施。由于数据分析是精准的、令人信服的，那么管理者的决策会更加科学，相关人员也更容易理解和执行。

现代企业需要强大的过程管理和量化管理能力，用先进的方法和工具武装自己，才能在竞争中胜出。

效能 4 级的研发管理体系模型如图 3-5 所示。它在效能 3 级的基础之上拓展了量化管理过程。其主要有以下过程域：成本效益分析、效率分析、质量分析、人员绩效分析、客户特征分析和合作伙伴分析等。

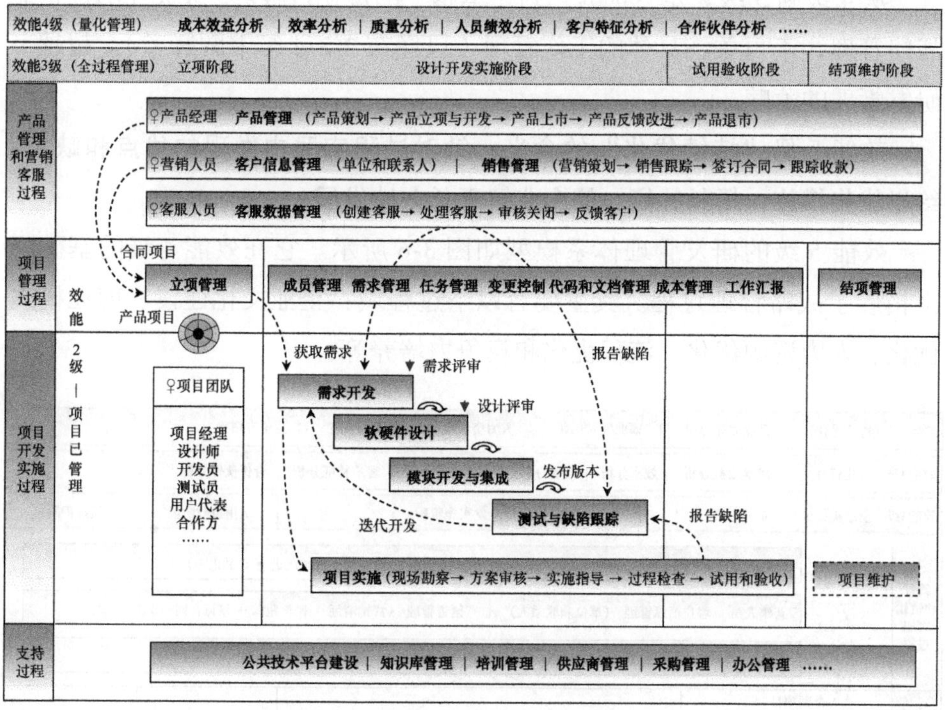

图 3-5 效能 4 级的研发管理体系模型

3.7 效能 5 级：持续优化（卓越）

研发管理的绝大多数工作都分解到 2-3-4 级过程域中。其中 2 级和 3 级关注的重点是过程管理，4 级关注的重点是量化管理。当企业的效能达到 4 级时，已经具有很强的过程管理和量化管理能力，即达到“优秀”的管理水平。

从 4 级到 5 级，是“优秀”到“卓越”的进化过程。5 级关注的是企业战略管理，不再关注具体的工作管理（已经在 2-3-4 级中做好了），超越了研发管理的范畴。

效能 5 级“持续优化”的含义：针对过程实践中发现的优点和缺点，给出优化措施，扬长补短，使企业健康长久地发展。

效能 5 级的研发管理体系模型如图 3-6 所示。它在效能 4 级的基础之上拓展了战略管理过程。其主要有以下过程域：企业文化建设、商业模式优化、人力资源优化、流程优化和竞争力培养等。

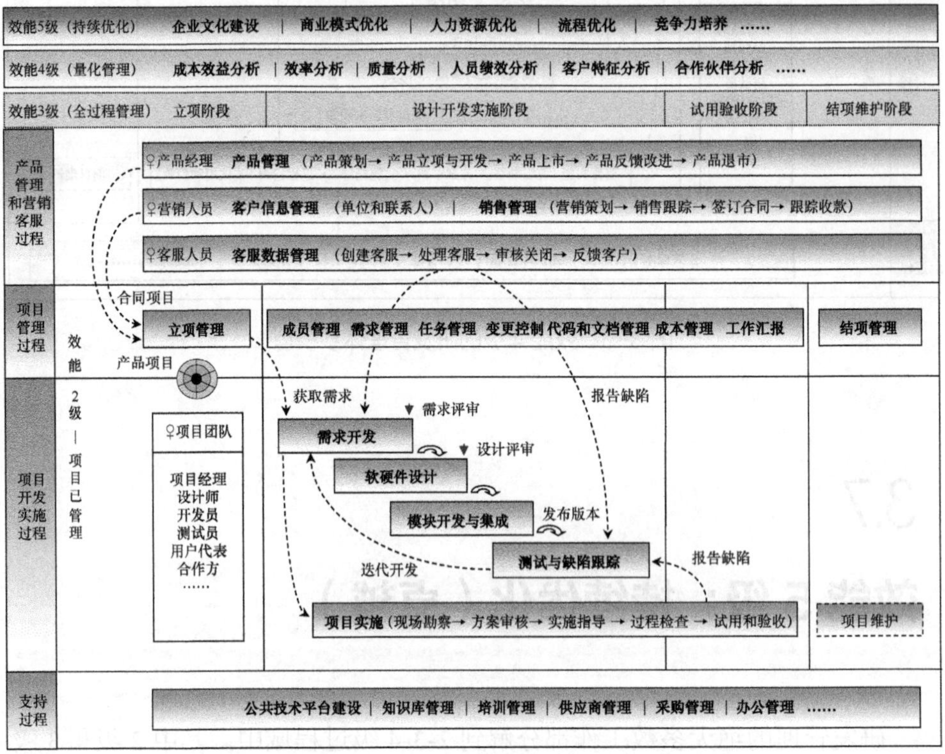

图 3-6 效能 5 级的研发管理体系模型

3.8 研发管理工具的选择思路

管理工具有两大类：结构化管理工具和非结构化管理工具。

结构化管理工具有特定的操作流程和严格的数据结构，只适合特定领域，也叫专用管理工具，如财务管理软件、生产管理软件、代码版本管理软件等。

非结构化管理工具的应用范围很广，例如电话和记事本、Excel、微信和钉钉等。这类工具通常是免费的。

在20多年前，很多企业家不会使用计算机，企业没有结构化管理工具，他们依靠电话和记事本也能够管理企业。

企业使用结构化管理工具的主要好处有如下几点。

（1）把重要的流程“固化”在工具中，避免忘记。即在使用工具的时候就已经按照既定的流程来执行了。

（2）用专用工具来管理工作，通常要比手工记录的效率高得多。

（3）积累了工作过程中的真实数据，为量化管理打下基础。

当然，使用结构化管理工具是有较高成本的。企业要么购买工具和服务，要么自己开发和维护。**出于对成本效益的考虑，企业一般会混合使用结构化管理工具和非结构化管理工具。**

本书制作了研发管理工具的优先级表格，见表3-3，供企业参考。优先级越高，就越要早些使用结构化管理工具。

这里强调的是，凡是有软件开发业务的企业务必指定专用的代码版本管理工具，要求软件开发人员使用该工具，不要企图使用替代方案。

凡是不使用代码版本管理工具的软件开发机构，不论其能力多强、战略多么高明，其研发管理都是不合格的。

常用的集中式管理模式的代码版本管理工具有 CVS 和 SVN，常用的分布式管理模式的代码版本管理工具有 GitHub 和 GitLab。这些工具已经足够满足中小企业的管理需求，最重要的就是坚定、认真地使用它们。

表 3-3　研发管理工具的优先级

优先级	研发管理工具名称	替代方案
第1优先级	代码版本管理	无替代方案
第2优先级	需求管理	Excel等
	任务进度管理	Excel等
	缺陷（问题）跟踪	Excel等
第3优先级	质量检查（测试和过程检查）	Excel等
	客服数据管理	Excel等
	合同管理	Excel等
第4优先级	知识库管理	Excel等
	文档管理	Excel等
……	……	

本书根据效能 3 级研发管理体系模型所开发的“项目管理平台”，将需求管理、任务进度管理、缺陷（问题）跟踪、质量检查、客服管理、知识库管理等常用功能集成到了一个平台，如图 3-7 所示。

网上有较多项目管理工具，提供电脑及手机操作界面，企业可根据自身需求选用现成的工具，或者定制开发管理工具。

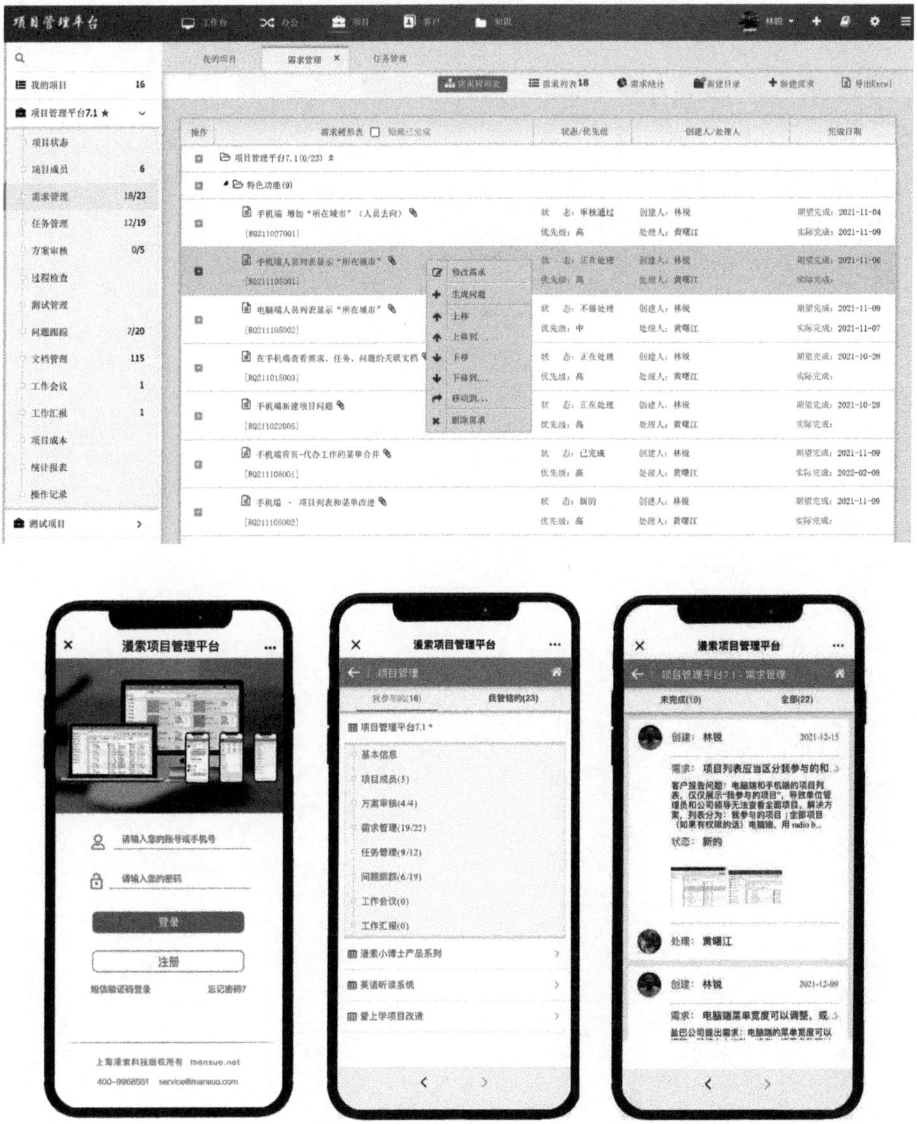

图 3-7　项目管理平台的功能示例

4 项目管理过程

项目管理过程是项目经理主导、其他人员共同参与的管理工作，目的是使项目开发过程和实施过程顺利地开展。

项目管理的主要过程域见 3.4 节所述。

如果没有软件开发，则不需要代码版本管理；如果没有发生变更，则不需要变更控制。

项目管理是有成本的，其效益是间接的（难以度量），不能追求完美的管理。所有管理者要有共同的认知：项目管理服务于项目开发和实施，而不能颠倒过来。凡是无益于项目开发和实施的管理事务，都可以简化或取消。

4.1 立项管理

先阐述一个重要的商业理念：**企业的项目不是越多越好！**

因为每一个项目都要投入资源（人、财、物和时间），不一定每个项目都能赢利。即便是赢利的项目，也不宜过多，因为会分散力量，导致企业做不出精品，逐渐丧失竞争力。

如果一个企业每年做很多项目，并不值得自豪，多并不表示业绩好，反而容易导致混乱。

我在做研发管理咨询的过程中，曾遇到多起相似的案例。不到百人的IT企业，每年承接近百个开发项目，人人都忙得天昏地暗，企业却几乎没有利润，祸根就是贪多。

立项管理的目的：遴选项目，把企业资源（人、财、物和时间）投入到对企业最有价值的项目上。

立项管理的要点是：（1）决定项目做还是不做；（2）如果做，考虑投入多少资源。

立项管理是决策过程，是“做对的事情”（do right things）。立项之后的管理过程、开发过程和实施过程，都是“把事情做对”（do things right）。

在管理水平较低的企业里，通常是企业领导一个人做立项决策。这种独断式决策存在以下缺点。

（1）企业领导个人的智慧毕竟有限，一个人做决策难免存在较多的主观臆断，决策风险比较高。

（2）即使领导做出了英明的决策，但是员工却难以学习并继承这种英明的决策过程，浪费了宝贵的知识经验。而企业的可持续发展不能依赖于个别领导人的智慧和鞠躬尽瘁。

立项管理的意义：它建立了更加科学的群体决策机制，不再依赖领导个人的英明。把立项决策升华为企业的流程制度，让员工贡献智慧，并且分担责任，提升了集体的决策能力。

立项管理的流程如图 4-1 所示，其有 3 个步骤：立项申请、立项评审和项目启动。

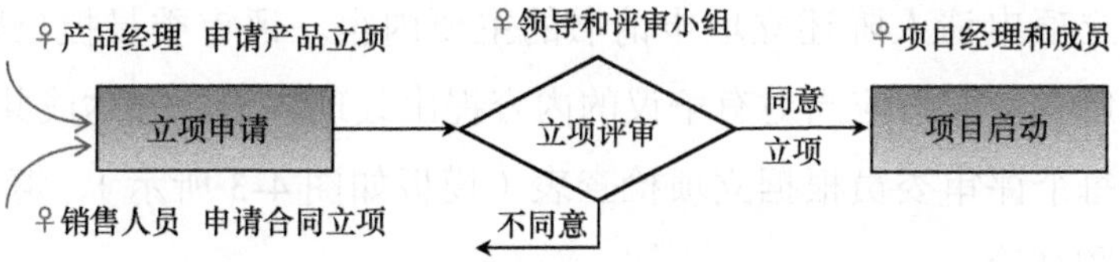

图 4-1 立项管理流程

4.1.1 立项申请

对于自主产品，产品经理负责撰写立项申请书，并将相关附件（如产品建议书、产品调研分析报告）一起提交给主管项目的负责人。

对于合同项目，销售人员负责撰写立项申请书，并将相关附件（主要是合同文件）一起提交给相关负责人。

立项申请书的模板如图 4-2 所示。

立项申请书			
项目名称		项目类型	
申请人/部门		申请日期	
1. 项目介绍 2. 项目内容/主要功能清单 3. 质量要求 4. 项目进度要求 5. 项目所需人力资源 6. 项目所需设备 7. 项目成本/效益估算 8. 项目对公司的价值 9. 可行性分析（技术、时间等）			

图 4-2 立项申请书模板

4.1.2 立项评审

立项评审的主要步骤如下。

（1）相关负责人根据项目特征，指定立项评审的委员及时间、地点，提前把立项申请资料发给评审委员。

（2）评审组长主持评审会议，把控会议进程。

（3）立项申请人陈述立项申请书的主要内容。评审委员提出疑问，立项申请人解答。双方应当对有争议的内容提出处理意见，并达成共识。

（4）每个评审委员根据立项检查表（模板如图 4-3 所示），填写自己的评审意见和结论。

XXXXXX 立项检查表	
检查项	评审意见
1. 项目需求清晰无歧义	
2. 质量目标合理、可实现	
3. 进度合理、可实现	
4. 人力资源合理、可实现	
5. 设备资源合理、可实现	
6. 技术方案合理、可实现	
7. 风险可控	
8. 项目对公司价值较高	
……	
评审委员签字/日期	结论：[ ] 同意立项　[ ] 不同意立项

图 4-3　立项检查表模板

（5）评审组长汇总所有评审委员的评审结论和意见，填写立项评审报告（模板如图 4-4 所示），提交给相关领导。

（6）领导在立项评审报告中填写终审结论和指示。

| 提示 |

不论是否同意立项，评审者都可以给出建议，帮助立项申请人改进立项申请书或者更好地进行项目筹备。

XXXXXX 立项评审报告	
评审委员	评审委员结论和意见
评审委员A（组长）	结论： [ ]通过 [ ]未通过 意见：
评审委员B	结论： [ ]通过 [ ]未通过 意见：
评审委员C	结论： [ ]通过 [ ]未通过 意见：
……	
项目主管领导	项目主管领导终审结论和指示
项目主管领导签字/日期	结论： [√]通过 [ ]未通过 指示：

图4-4 立项评审报告模板

4.1.3 项目启动

项目启动的主要步骤如下。

（1）确定项目团队。

主管领导根据立项申请书和立项评审报告，任命合适的项目经理，并确定该项目的主要成员。项目经理对项目进度和质量负最大责任。

企业的资源是有限的，很难完全按照立项申请书和立项评审报告给项目分配充足的资源。项目经理要学会争取完成本项目的必要资源，以保障项目能做好。

（2）召开项目启动会议，制订项目总体计划。

项目经理召开项目启动会议，与项目成员共同商议工作内容和解决方案，制订项目总体计划（模板如图 4-5 所示）。

项目经理把计划输入到管理工具中，随着项目进展，项目计划将不断细化或修正。原来的项目总体计划将用于结项管理过程中的“计划和实际情况”对比分析。

项目总体计划			
项目名称		项目开始日期	
项目经理		计划完成日期	
里程碑 / 重要任务		执行人	计划起止日期

图 4-5　项目总体计划模板

（3）启用管理工具。

如果项目涉及软件开发，则必须使用统一的代码版本管理工具（也叫配置管理工具）。公司配置管理员创建该项目的配置库，授予项目经理控制本项目配置库的权限，然后由项目经理给项目成员分配操作权限。

公司应当使用统一的项目管理工具，领导（或系统管理员）创建该项目，示例如图 4-6 所示。项目的主要字段有：项目名称、项目经理、开始日期、计划完成（日期）、项目说明、文档（附件）等信息。

然后项目经理添加项目成员、分配角色权限，全员使用项目管理工具。

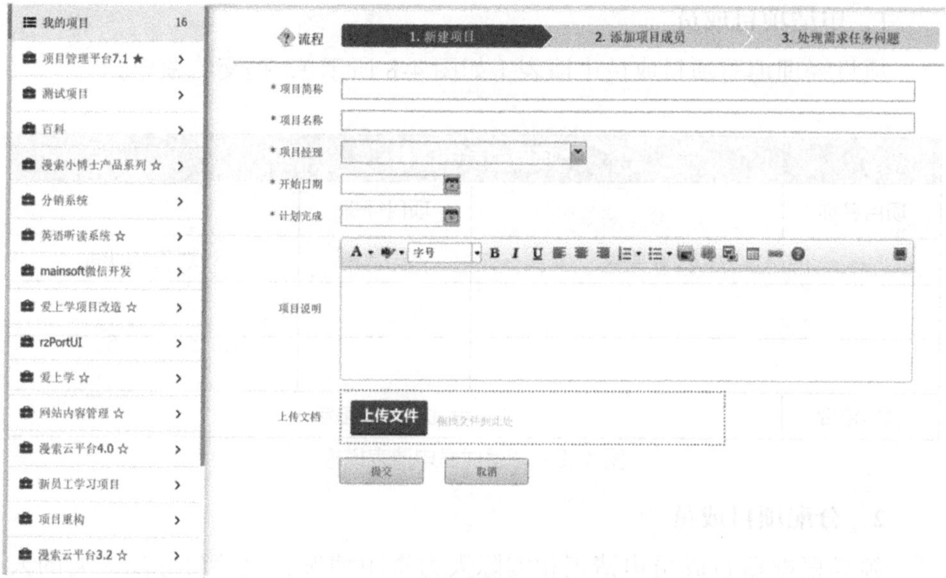

图 4-6　创建项目的示例

4.2 项目成员管理

如果立项之际已经确定了项目成员，那么项目经理在管理工具中添加项目成员，设置角色权限即可。

如果项目成员尚未落实，则项目经理需向领导申请必要的人力资源，流程如图 4-7 所示。

图 4-7　项目成员管理的流程

1．申请项目成员

项目经理填写项目成员申请表（如图 4-8 所示），提交给领导。

项目成员申请表			
项目名称		项目经理	
成员角色和技能要求		人员数量	计划工作时间
领导审批	审批意见，签字		

图 4-8　项目成员申请表模板

2．分配项目成员

领导根据项目成员申请表和实际人力资源情况，给项目分配必要的人力资源。

3．设置角色权限

项目经理和项目成员沟通工作内容和工作计划，并在管理工具中添加项目成员，设置角色权限，示例如图 4-9 所示。

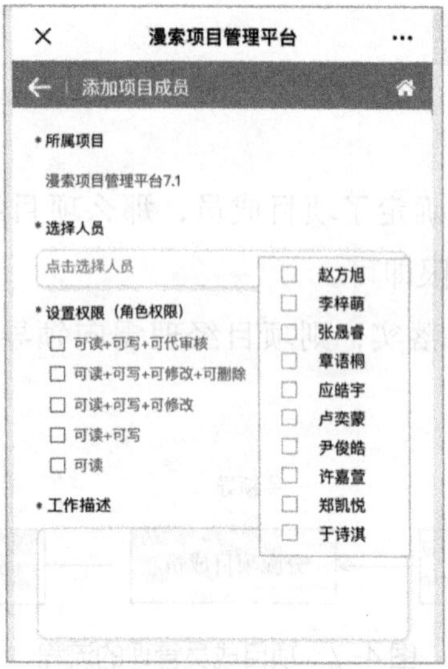

图 4-9　添加项目成员、设置角色权限的示例

4.3 需求管理

CMMI 需求管理过程域有三个关键实践，如下。

（1）需求确认：需求提出者和执行者共同确认需求文档，确保所有需求真实无误。

（2）需求跟踪：确保所有需求都落实到后续的工作成果中。

（3）需求变更控制：记录所有需求的变更内容、原因和影响，拒绝不合理的变更。

在大量项目实践中，人们发现基于文档的需求管理几乎无法操作。因为随着项目进展，需求会不断地细化和补充。当需求文档达到数十页后，人们就记不住需求内容了，不知道修改或细化了什么，也根本无法跟踪。

为了解决上述问题，**人们把需求文档中的内容，分解为一条条的需求记录，保存在数据库中（树形表结构）。使用需求管理工具可以对每一条需求记录进行确认、跟踪和变更控制，称为条目化需求管理**。条目化需求管理工具的示例如图 4-10 所示。

条目化需求管理的流程如图 4-11 所示，包括 3 个步骤：创建需求、处理需求和审核需求。

需求状态有：新的、不处理、正在处理、已完成、审核通过和审核未通过。**需求状态的变化展示了需求确认、跟踪和变更控制的过程。**

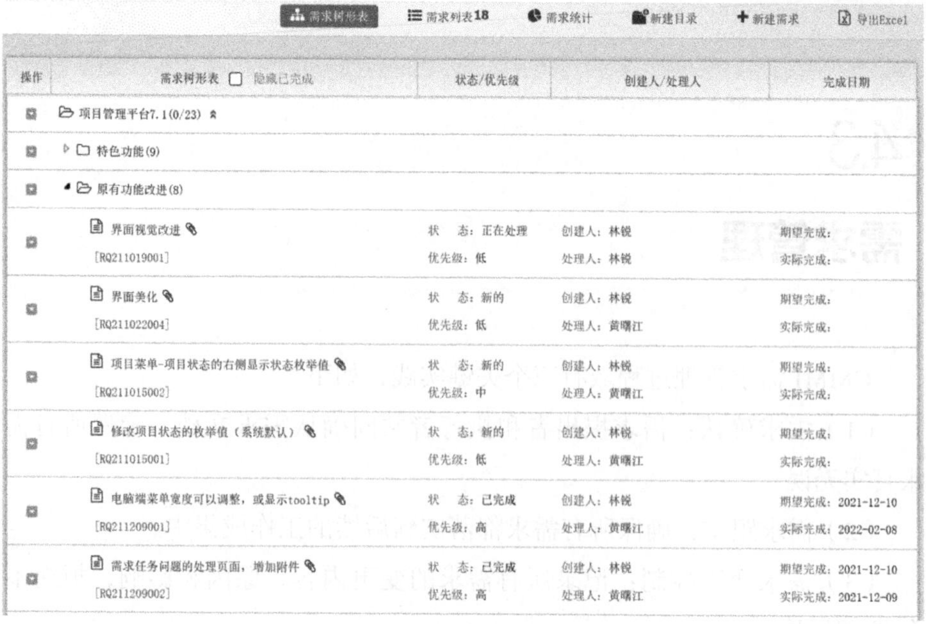

图 4-10 条目化需求管理工具的示例

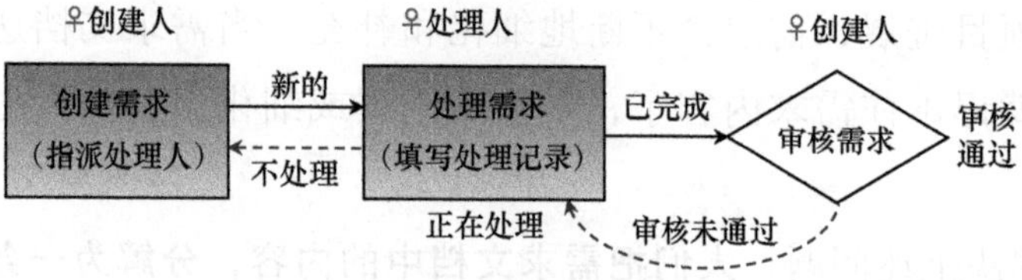

图 4-11 条目化需求管理的流程

条目化需求的主要字段如表 4-1 所示。

表 4-1 条目化需求的主要字段

需求创建信息	
所属项目/需求目录	
需求名称	
需求描述	
优先级	

续表

需求创建信息	
创建人	
创建日期	
处理人	
期望完成日期	
附件	
需求处理信息	
处理人	
处理时间	
需求状态	不处理，正在处理，已完成
处理说明	
需求审核信息	
审核人	
审核时间	
需求状态	审核通过，审核未通过
审核说明	

4.3.1 创建需求

需求创建人一般是领导、产品经理、营销人员和客服人员等。需求处理人一般是项目经理和项目成员。

需求创建人创建每一条需求，主要字段包括需求名称、需求描述、优先级、处理人、期望完成日期和附件等。

此时需求状态为“新的”。

4.3.2 处理需求

处理人填写需求处理记录，此时需求的状态如下。

（1）不处理。处理人可以拒绝处理需求，例如需求描述不清、需求被重复提出、需求超出项目范围和需求已经有替代方案等。

（2）正在处理。表示处理人采纳了该需求，正在着手处理（自己处理或分配任务给他人）。

（3）已完成。表示需求已经完成，进入审核环节。

4.3.3 审核需求

当需求状态为“已完成”时，需求创建人要审核需求是否真的已经完成。审核的结果有两种：审核通过和审核未通过。

当需求状态为“审核未通过”时，需求处理人还要继续处理需求，直到需求“审核通过”为止。

如果某条需求尚未完成，而发生了变更，则创建人须修改原来的需求，阐述需求变更的内容和原因，并告知处理人按照变更后的需求来处理。

如果需求已经完成，却发生了变更，则创建人不要修改已经完成的需求，而是创建新的需求，阐述变更的内容和原因。

4.4 任务进度管理

项目经理根据本项目需求和现有的人力资源来分解任务，与项目成员协商后，把任务交给最合适的人员去执行。

项目经理要有意识地锻炼、提升成员全局开发的能力，要保证至少有一人可以替换别人的工作。否则万一某人缺席（如离职、休假等），将导致工作中断。

任务进度管理的流程如图 4-12 所示，包括三个步骤：创建任务、执行任务和审核任务。

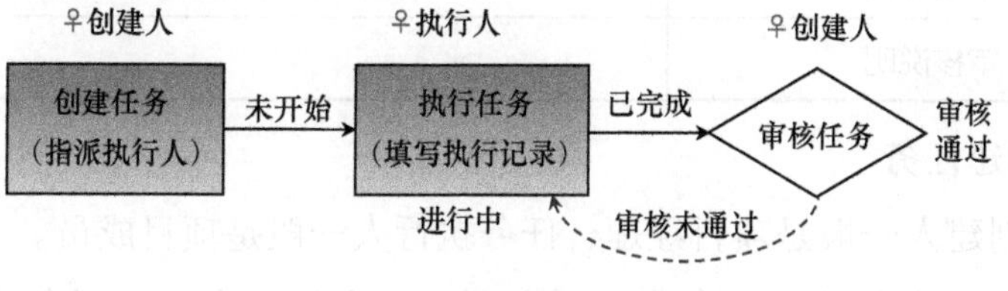

图 4-12　任务进度管理的流程

任务的状态：未开始、进行中、已完成、审核通过和审核未通过。

每条任务的主要字段见表 4-2。

表 4-2　任务进度的主要字段

任务创建信息		
所属项目/任务目录		
任务名称		
任务描述		
执行人	可以多人	
计划开始日期		
计划完成日期		
计划工作量		
附件		
创建人		
创建日期		
任务执行信息		
执行人： 时间：	任务状态： 累计进度：	本次工作量： 情况说明：

续表

任务审核信息	
审核人	
审核结论	审核通过 / 审核未通过
审核说明	

1．创建任务

任务创建人一般是项目经理，任务执行人一般是项目成员。

任务创建人创建每一条任务，主要字段有任务名称、任务描述、执行人、计划开始日期、计划完成日期、计划工作量和附件等。

此时任务的状态为“未开始”。

2．执行任务

执行人填写任务执行记录，主要字段有执行人、时间、任务状态（进行中 / 已完成）、累计进度、本次工作量和情况说明。

如果任务的时间跨度比较长，则需多次填写执行记录，避免长时间信息空白。反之则填写一次执行记录即可，状态置为“已完成”。

3．审核任务

当任务状态为“已完成”时，任务创建人要审核该任务是否真的已经完成。审核的结果有两种：审核通过和审核未通过。

当任务状态为“审核未通过”时，任务执行人还要继续执行任务，直到该任务“审核通过”为止。

一个项目的任务数量比较多时，时间跨度比较大，展示比较复杂。项目需要使用专业的任务进度管理工具，展示任务树形表和甘特图，示例如图 4-13 所示。

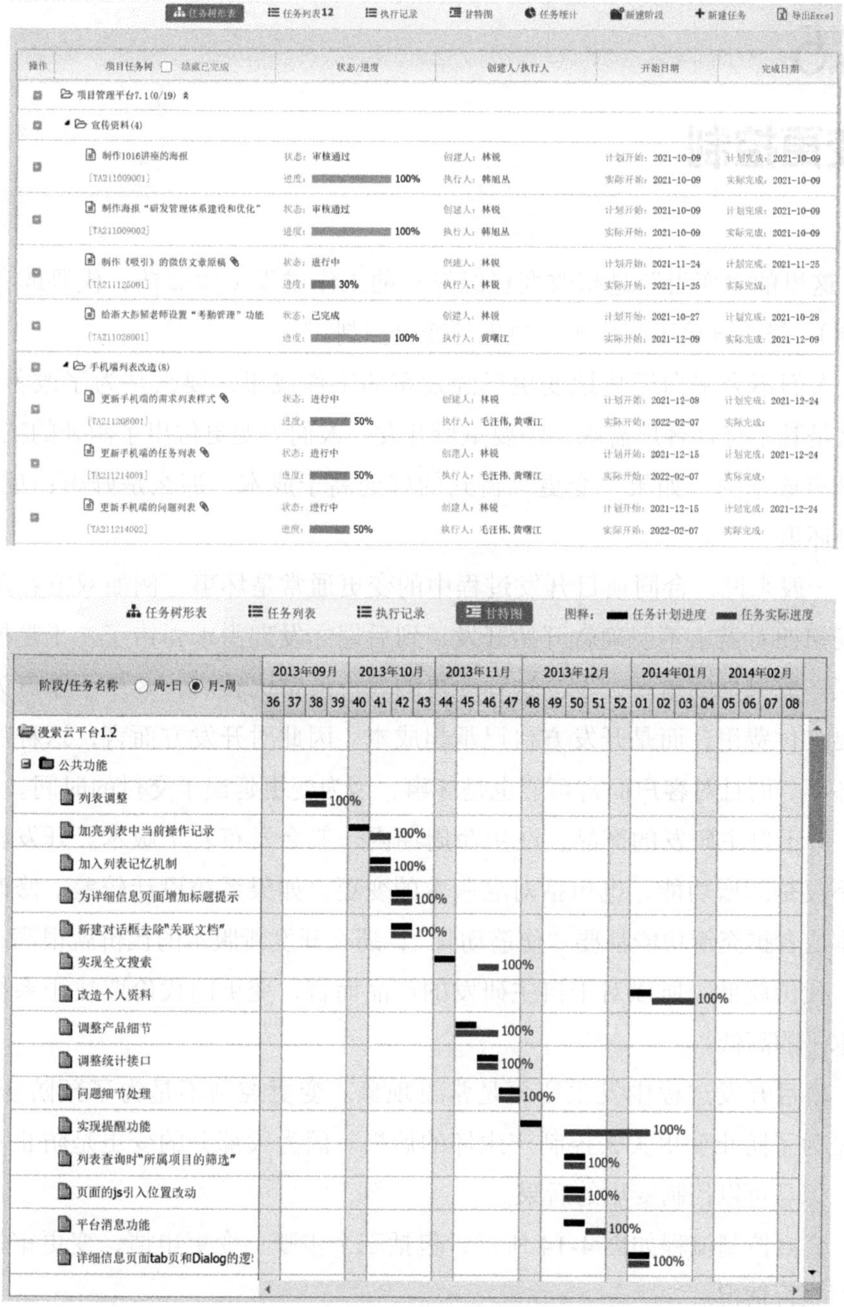

图 4-13 任务树形表和甘特图的示例

4.5 变更控制

这里的“变更”是指改变已经发布的工作成果（如文档、代码或者计划等）。修改草稿不叫变更，也无须变更控制。

人们不会平白无故地变更已经发布的工作成果，要么是为了改善它，要么是其不符合客户需求，需要重新开发。人们为变更付出了额外的工作，也是有成本的。如果“变更”得到的好处高于成本，那么是好事；反之，则是坏事。

一般来说，合同项目开发过程中的变更通常是坏事。例如双方在项目开发初期对需求不明确就开始开发，到后期才发现需求弄错了，于是把某些工作成果推倒重新开发。这种变更的代价通常比较高，客户不愿意为此变更支付费用，而是开发方自己承担成本。因此对开发方而言，这种变更是坏事。而且对客户而言可能也是坏事，因为变更延误了交付的时间。

对于自主研发的产品，在生命周期内一般会发布若干版本。开发新版本不仅是新增功能，也包括对老版本的变更。如果系统设计较差，修改老版本或者扩充新功能都要“伤筋动骨”，那么开发新版本的代价就很高；反之，代价就低。所以对于自主研发的产品而言，变更的代价取决于系统设计水平的高低。

项目开发过程中发生变更是常见现象。变更控制不是为了预防变更，而是为了防止变更失去控制产生坏的后果。因为大部分的变更是防止不了的，但是可以控制变更的后果。

变更控制流程如图 4-14 所示，包括三个步骤：变更申请、变更审批和填写执行情况。

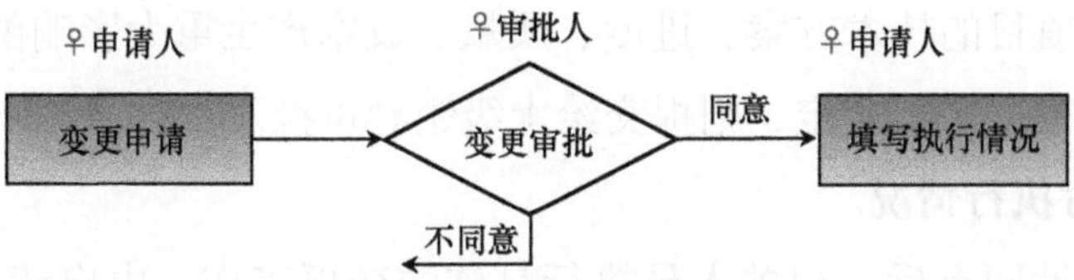

图 4-14　变更控制流程

｜提示｜

一般情况下先申请，等审批通过后，再执行变更。在实际工作中，由于时间紧迫，对于低风险的变更，允许先执行变更，后补写变更申请，记录完整的变更过程。

变更控制报告的主要字段见表 4-3。

表 4-3　变更控制报告的主要字段

变更申请	
所属项目	
变更标题	
变更描述	说明变更内容、原因和影响
申请人	
变更审批	
领导签字/日期	审批结论：同意 / 不同意 变更指示：
执行情况	
申请人	变更执行情况说明

1．变更申请

任何项目成员都可以填写变更申请，重点是写清变更内容、原因和影响。

2．变更审批

一般情况下，项目成员提出的变更申请，由项目经理审批即可。

对于对项目的技术方案、进度、质量、成本产生重大影响的变更申请，如果项目经理做不了决定，则提交给上级领导审批。

3．填写执行情况

变更审批同意后，相关人员执行具体的变更工作，由申请人汇总后填写变更执行情况。

4.6 代码版本管理

先解释代码版本管理的来由。

某程序员编写程序 work.c，他每天增加新程序并且修改老程序。文件保存之后，就覆盖了老程序，所以本机只有一份最新的 work.c。

有一天，他发现前几天的程序是正确的，而最新的程序有错误。但是前几天的老程序已经被覆盖了，他只能重新写老程序，保存后又覆盖了新程序。这样的麻烦频繁发生，于是人们发明了“代码版本管理工具”，用于解决上述问题。

程序员把程序文件提交到版本管理工具（这个操作叫 check-in），管理工具自动给文件加后缀编号，如 work.c.1、work.c.2 和 work.c.n，并记录提交的时间。每个文件都保存在服务器上，新文件并没有覆盖老文件。

程序员可以在代码版本管理工具中找到 work.c 的所有历史版本，从工具中取出文件的操作叫 check-out。程序员可以比较任意版本之间的代码差异，找出问题，而不必重新写代码。这就是代码版本管理工具的价值。

在软件开发过程中，项目成员每天要更新多个代码文件，所以必须使用专业的代码版本管理工具，如 CVS、SVN、GitHub、GitLab 等，示例如

图 4-15 所示。

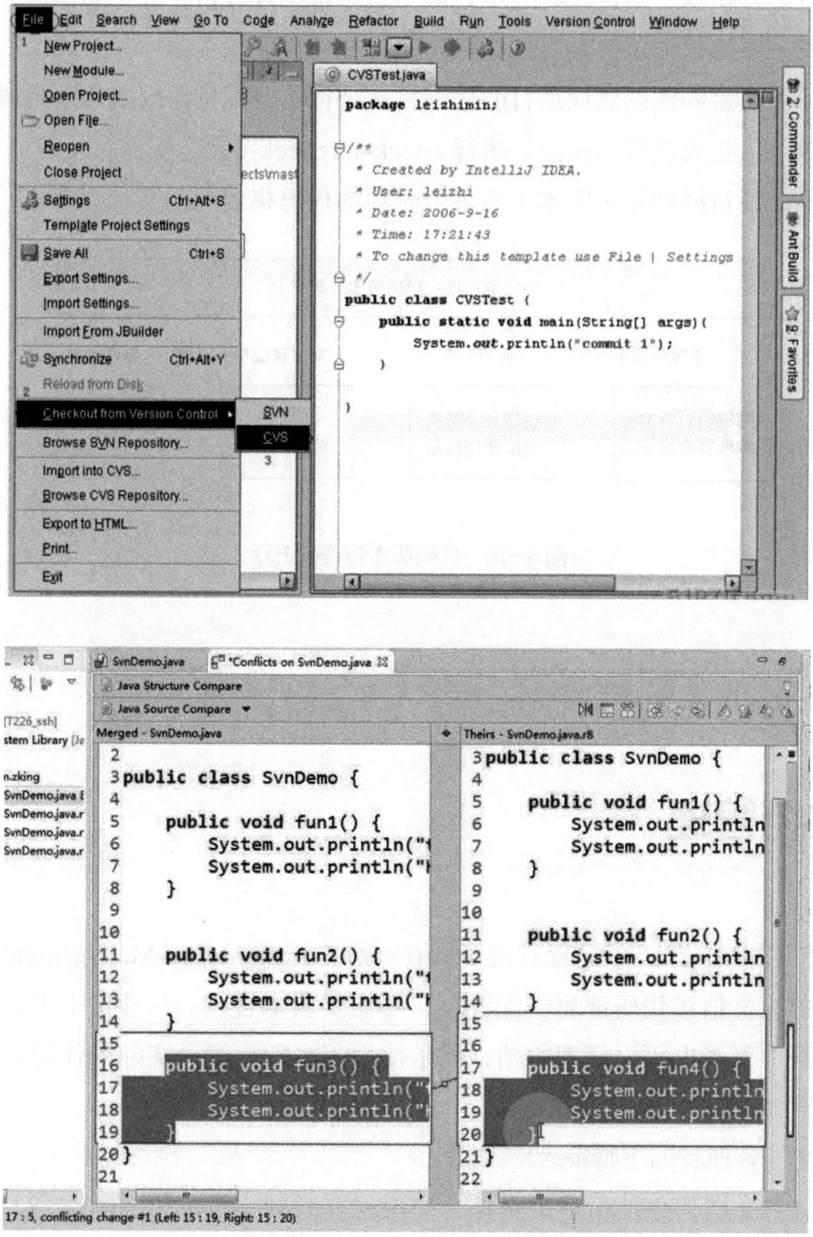

图 4-15　代码版本管理工具的示例

代码版本管理的流程如图 4-16 所示，主要步骤如下。

（1）公司统一指定代码版本管理工具和系统管理员，并定期备份。

（2）系统管理员为项目创建代码库，分配管理权限给项目经理。

（3）项目经理创建该项目的代码目录结构，分配使用权限给项目成员。

（4）项目成员根据权限，执行 check-in/check-out 等操作。

（5）项目经理发布版本（即某个时刻的代码集合）。

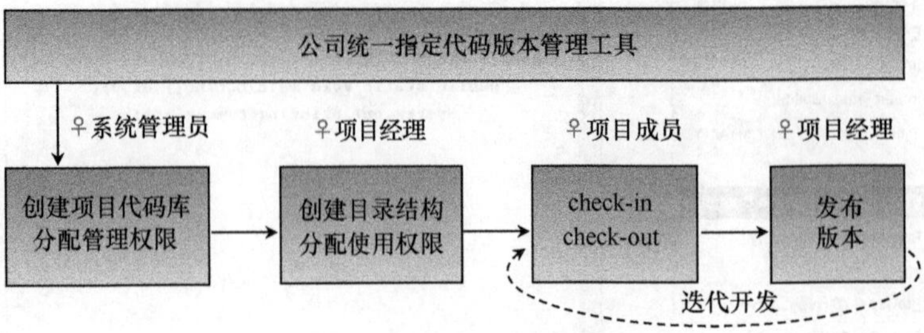

图 4-16　代码版本管理的流程

4.7 文档管理

在 CMMI 的软件配置管理（Software Configuration Management）过程域中，文档和代码都属于配置项，都需要版本管理。从理论上讲，代码版本管理工具也可以管理文档，但是使用起来较麻烦，实际操作时通常是分开管理的。

文档管理有如下特征。

（1）文档的主要用途是交流，交流越充分则文档的价值就越高。所以除了开发人员，相关人员（如领导、营销客服人员等）也可能访问文档库。

（2）一般不会频繁地修改文档，文档的版本结构很简单（一般不会产生版本分支），对文档管理工具的功能要求也不高。

（3）并不局限在办公室里使用文档，出差在外地或者在家里也可能阅读文档，因此对文档的易用性要求比较高。

（4）企业领导和营销客服人员一般不会使用 CVS、SVN、GitHub 和 GitLab 查看文档，对他们而言这些工具都太复杂、太难用。

所以文档管理工具一般都是基于 Web 的，可以用计算机或手机浏览，用起来较方便，示例如图 4-17所示。

图 4-17　基于 Web 的文档管理工具的示例

文档管理的流程如图 4-18 所示，主要步骤如下。

（1）公司统一指定文档管理工具和系统管理员，定期备份。

（2）系统管理员为项目创建文档库，分配管理权限给项目经理。

（3）项目经理创建文档目录结构，分配使用权限给项目成员。

（4）有权限的项目成员可以上传文档，填写必要的说明。

（5）有权限的项目成员可以浏览或下载文档。

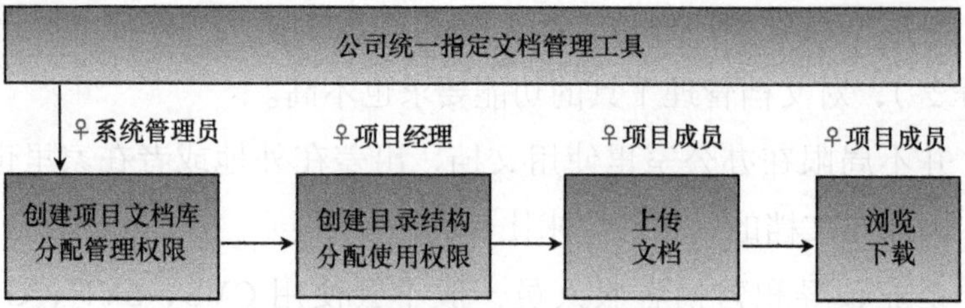

图 4-18　文档管理的流程

4.8 工作汇报

工作汇报的流程如图 4-19 所示，包括两个步骤：撰写工作汇报和浏览工作汇报。

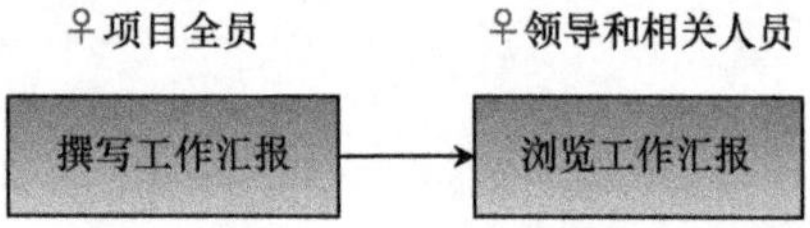

图 4-19　工作汇报的流程

1．撰写工作汇报

项目全员都要撰写工作汇报（如周报或月报），避免时间过长而遗忘细节。其具体内容包括做了什么、遇到什么困难以及如何解决等。

2．浏览工作汇报

领导和相关人员浏览工作汇报，及时了解项目进展情况，以及每个项目成员的工作情况，便于解决问题或提供帮助。

工作汇报的示例如图 4-20 所示。

图 4-20　工作汇报的示例

4.9 项目成本管理

项目经理负责项目成本管理，流程如图 4-21 所示，包括三个步骤：制作项目预算表、记录实际开支和对比分析。

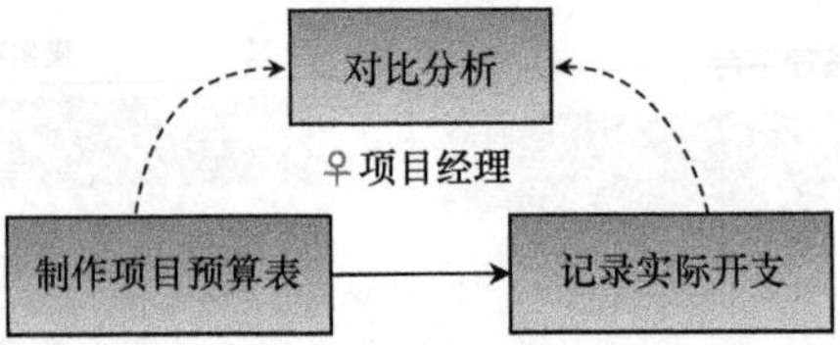

图 4-21 项目成本管理的流程

1．制作项目预算表

项目经理根据立项申请书和评审指示，制作项目预算表，模板如图 4-22 所示。

项目预算表			
项目成本类型	金额	用途说明	计划开支日期

图 4-22 项目预算表模板

2．记录实际开支

项目经理记录本项目的实际开支，模板如图 4-23 所示。

项目实际开支表			
项目成本类型	金额	用途说明	实际开支日期

图 4-23 项目实际开支表模板

3．对比分析

项目经理制作项目预算 - 开支对比表，计算超支比例或节省比例，模板如图 4-24 所示。如果超支比例比较大，须及时告知上级领导，商议对策。

项目预算 - 开支对比表			
项目成本类型	预算金额	实际开支金额	对比
差旅费			超支/节省xxx %
硬件			
软件			
……			
累计			

图 4-24 项目预算 - 开支对比表模板

4.10 结项管理

立项和结项是项目管理的一头一尾，两者相互呼应。

结项管理的主要目的如下。

（1）对项目的资产进行清算，防止资产流失，并重复利用资产。

（2）对项目进行综合评估，记录项目成员的业绩。

（3）项目成员总结经验教训，相互交流，共享知识财富。

结项管理的流程如图 4-25 所示，包括三个步骤：结项申请、结项评审和结项后工作。

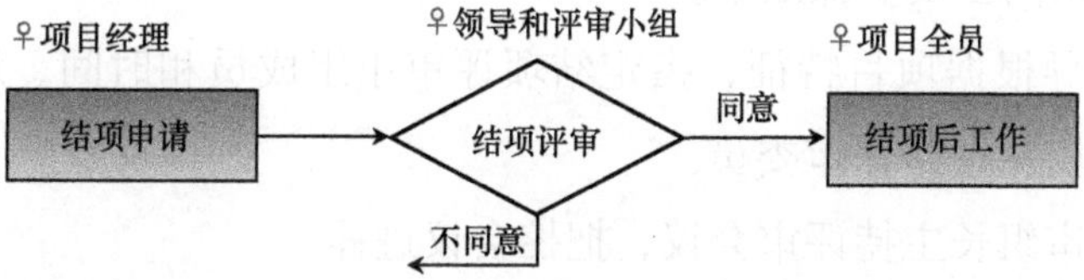

图 4-25 结项管理的流程

1．结项申请

项目经理填写结项申请书，提交给主管项目的领导。结项申请书的模板如图 4-26 所示。

结项申请书			
项目名称		项目经理	
1．项目完成情况	计划情况	实际情况	
主要功能/内容			
项目起止日期			
人员和工作量			
项目成本			
应递交的成果			
2．资产清单（资金、设备、软件等）		说明、处理建议	
3．知识产权			
4．项目价值体现	阐述：项目质量、市场价值、成本效益、对公司的贡献		
5．人员业绩	工作业绩描述		评价人
人员A			
人员B			

图 4-26　结项申请书模板

2．结项评审

结项评审的主要步骤如下。

（1）领导根据项目特征，指定结项评审小组成员和时间、地点，提前把结项申请资料发给评审委员。

（2）评审组长主持评审会议，把控会议进程。

（3）结项申请人陈述结项申请书的主要内容。评审委员提出疑问，结项申请人解答。双方应当对有争议的内容提出处理意见并达成共识。

（4）每个评审委员根据结项检查表（模板如图 4-27 所示），填写自己的评审意见和结论。

（5）评审组长汇总所有评审委员的评审结论和意见，填写“结项评审报告”（模板如图 4-28 所示），提交给领导。

（6）领导在结项评审报告中填写终审结论和指示。

XXXXXX 结项检查表	
检查项	评审意见
1. 项目完成情况	
2. 项目资产处理意见	
3. 遗留问题处理意见	
4. 成果复用意见	
……	
评审委员签字/日期	结论：[ ] 同意结项　[ ] 不同意结项

图 4-27　结项检查表的模板

XXXXXX 结项评审报告	
评审委员	评审结论和意见
评审委员A（组长）	结论：[ ] 通过　[ ] 未通过 意见：
评审委员B	结论：[ ] 通过　[ ] 未通过 意见：
评审委员C	结论：[ ] 通过　[ ] 未通过 意见：
……	
项目主管领导	终审结论和指示
项目主管领导签字/日期	结论：[√] 通过　[ ] 未通过 指示：

图 4-28　结项评审报告的模板

3．结项后工作

结项评审通过之后，项目经理和项目成员还要处理以下事务。

（1）全员撰写项目工作总结，说明遇到哪些问题、如何解决，以及有什么经验教训。领导阅读之后，将具有分享价值的工作总结纳入公司的知识库中（另见知识库管理流程）。

（2）项目遗留问题也要条目化管理，使每个问题落实到责任人。

（3）项目经理做好必要的归档和备份工作，并在项目管理系统中填写结项日期。

5 项目开发过程

项目开发过程主要包含以下过程域：需求开发、软硬件设计、模块开发和集成、测试与缺陷跟踪。

上述过程域构成一个迭代，可以周而复始地开展。每一个迭代都推出一个可以试用的版本。

迭代开发模式并没有技术层面的创新。它把较长周期的项目分拆为若干可以交付试用的版本，以最小代价、最高效率开发每一个版本，降低了试错的代价，是商业智慧的体现。

项目开发团队遵循既定的开发流程，使用配套的工具，无疑会提高开发效率和质量。但是对进度和质量影响最大的仍然是团队的技术能力。通常情况下，项目团队应当先掌握流程和工具（快而容易），之后再提升技术能力（慢而艰难）。

5.1 项目需求开发

CMMI 把与需求直接相关的活动统称为需求工程。需求工程的活动分两大类——需求开发和需求管理，如图 5-1 所示。

需求开发是需求细化和精准化的过程，包含 3 个活动：需求获取、需求分析和需求定义。

需求管理是把需求落实到产品的过程，包含 3 个活动：需求确认、需求跟踪和需求变更控制。

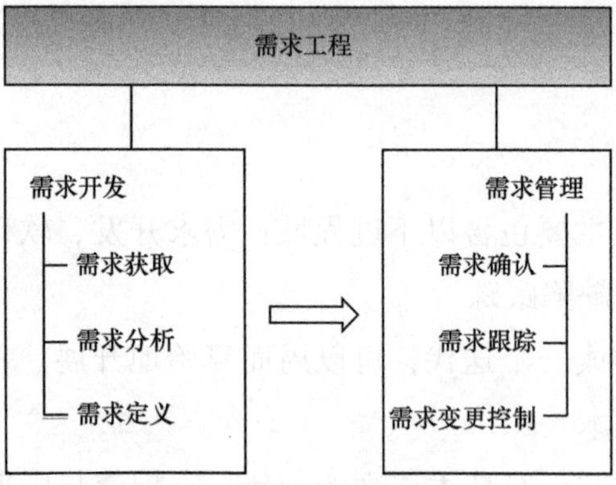

图 5-1 需求工程示意图

如果在立项的时候，需求已经完善、写清了，那么立项之后，直接进入需求管理即可。

一般情况下，在立项的时候，人们对需求只有一个大概的了解。所以立项之后，还需要进入项目需求开发流程，如图 5-2 所示。其有 3 个步骤：项目需求获取、项目需求分析和项目需求定义。

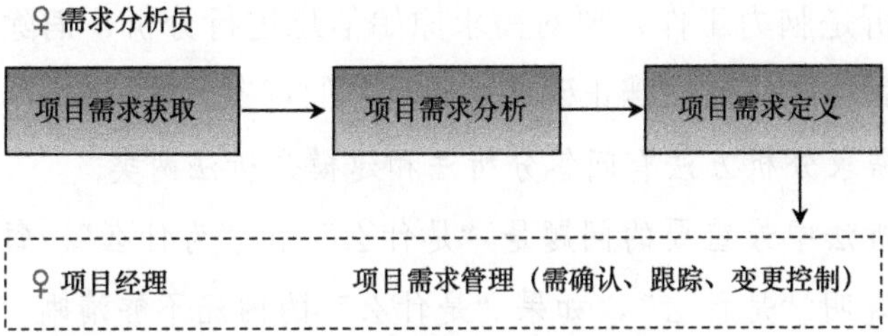

图 5-2　项目需求开发的流程

习惯上把从事需求开发的人员称为需求分析员。如果待开发系统的专业性很强，则需要职业化的需求分析员。如果系统的专业性不太强，可由项目经理、项目成员兼任需求分析员。

1．项目需求获取

需求分析员从各个途径获取需求原始信息，例如：

（1）询问产品经理、营销人员、公司领导等；

（2）与用户交谈，记录问答；

（3）参观用户的工作流程，观察用户的操作；

（4）与同行、专家交谈，听取他们的意见；

（5）分析已经存在的同类产品，提取需求。

需求分析员应及时填写需求原始信息，样式如图 5-3 所示。

需求来源 / 联系人	需求原始信息（文字 / 图形）
	标题： 内容：

图 5-3　需求原始信息的样式

2．项目需求分析

需求原始信息中的内容有可能是错误的、笼统的、无法实现的，如果开发人员完全采纳的话，那么在开发过程中将不断地发生需求变更，不断地推倒重做。

需求分析是脑力工作，要对需求原始信息进行分析，消除错误，补充细节等，使最终的需求文档正确地反映用户的真实意图。

常见的需求分析方法有问答分析法和建模分析法两类。

问答分析法中最重要的问题是“是什么”和“为什么”。每个需求都应当用陈述句说明“是什么”，如果“是什么”的内涵不够清晰，则应补充说明“不是什么”。如果“是什么”和“不是什么”并不是理所当然的，那么应当解释“为什么”，以便加深阅读者的理解。

对于某些类型的信息，可能用图形表示要比用文本表示更加有效，所以将图形与文本结合起来描述需求是很自然的方法。需求建模就是指用图形符号来表示、刻画需求。软件工程教科书中常见的建模分析方法有结构化分析法和面向对象分析法。

世上不存在一个包罗万象的图，用以完整地描述需求。需求建模也不可能取代文字描述。在需求文档中，文字描述是第一重要的，建模主要是起到分析、解释作用。建议将模型存放在需求文档的附录中，便于正文引用。

为了方便工作，需求分析的内容可以直接插入需求原始信息中，两者合并为需求原始信息和分析报告，如图 5-4 所示。

来源 / 联系人	需求原始信息（文字 / 图形）	需求分析
	标题： 内容：	结论：采纳/不采纳 说明：消除错误或补充细节

图 5-4　需求原始信息和分析报告的样式

3．项目需求定义

需求分析员根据需求原始信息和需求分析的结果，进一步定义准确无误的需求，撰写需求规格说明书，模板如图 5-5 所示。

需求规格说明书
1. 项目（产品）介绍 2. 使用必要条件 3. 用户类型说明 4. 需求目录A 需求A-1，撰写文字和插入图表 …… 5. 需求目录B 需求B-1，撰写文字和插入图表 …… 6. 附件

图 5-5 需求规格说明书模板

需求规格说明书及其附件是后续开发工作的依据，好的需求规格说明书具备以下特征。

（1）正确且清楚。

正确，是指需求规格说明书表达了用户的真实意图，文字和图表没有错误。

清楚，是指每个需求只有唯一的含义，所有阅读者都明白是什么意思。如果对于一个人说的话，不同的人有不同的理解，或者理解不了，则说明这句话描述得不清楚。

（2）必要且完整。

必要，是指每个需求都是有用的。正在构思、尚未想明白的事物不要当作需求写出来，避免浪费开发资源。画蛇添足、多此一举的事物也要从需求文档中剔除，减少开发人员无效工作。

完整，是指没有遗漏必要的需求。不完整的需求文档将导致产生功能不完整的产品，用户在使用该产品时无法完成预期的操作。客户往往倾向于关注产品的特色功能，而忽视了其他一些不起眼的却是必需的功能。

（3）可实现且可验证。

需求文档中的每一个需求对开发方而言都是可实现的。“可实现”意味着在技术上是可行的，并且满足时间、成本和质量等要求。

需求文档中的每一个需求对委托方而言都是可验证的。如果需求是不可验证的，那么开发者完成之后，客户却无法验收，可能会因此发生纠纷。

（4）阐述“做什么”而不是“怎么做”。

“做什么”是需求，是产品的组成部分，带有强制性。而“怎么做”是解决方案，是设计和实现阶段的事情。开发团队可以灵活处置“怎么做”，一般不应该在需求文档中限定解决方案。除非客户特意限定了解决方案，例如某些系统之间的对接方案。

如果开发团队在需求获取、分析和定义时，已经想好了“怎么做”，那么可以将其写在设计文档里。

需求规格说明书是项目最重要、最严谨的文档，每个企业都应当制定模板，并且遴选若干优秀的文档作为样例，便于各项目团队参考和模仿。

5.2 软件设计

软件设计的流程如图 5-6 所示，包括两个步骤：软件系统设计和软件模块设计。

图 5-6　软件设计的流程

软件系统设计是一次性工作。在第一轮迭代中完成软件系统设计，后续迭代不再修改软件系统设计。

模块设计是多次工作。每一轮迭代完成若干模块设计，后续迭代继续设计其他若干模块。

1．软件系统设计

软件系统设计关注 4 个要素：合适、稳定、可扩展和可复用。

（1）合适。软件系统不仅要适合已知的功能性需求，还要适合没有明确表达的非功能性需求，如质量、性能、用户体验等。

（2）稳定。软件系统设计一旦完成，便在相当长的时间内保持稳定不变，只有这样才能开展后续的细节设计。就如一栋建筑，房间的装修可以改变（相当于模块的设计变更），但是框架结构是不能改变的。

（3）可扩展。它是指软件扩展新功能的容易程度。可扩展性越好，表示软件适应变化的能力越强。

商业越发达，需求变化就越快。需求变化必将导致修改或者扩展原有软件的功能，如果软件的可扩展性比较差的话，那么修改或者扩展功能的代价会很高。

（4）可复用。复用就是指重复利用已经存在的东西。被复用的对象可以是有形的物体，也可以是无形的知识财富。复用有利于提高软件的质量和生产效率以及降低成本。

可复用性是设计出来的，而不是偶然碰到的。要使软件具有良好的可复用性，设计师应当分析领域需求的共性特征，总结出通用的设计模式，这样的成果才可以被新系统复用。

软件设计师撰写软件系统设计报告，模板如图 5-7 所示。

对于复杂系统或者全新系统，软件系统设计完成之后，项目经理应当召集相关人员进行软件设计评审，找出问题、改进方案，降低设计风险。

对于简单系统或者成熟系统，软件设计的风险本身比较低，项目经理或技术专家审核软件系统设计报告即可。

2．软件模块设计

模块泛指软件系统的功能部件。整个系统的复杂性较高，因此无法直接对整个系统进行编程。“模块化”是指将系统分解为一系列功能模块，然后逐一实现，最后把所有的模块集成为原来的系统。这是“分而治之”思想的体现。

××× 项目 软件系统设计报告
1. 软件系统介绍
2. 模块结构图
3. 软件技术架构图
4. 数据库设计规则
5. 用户界面设计规则
6. 性能考虑
7. 安全性考虑
8. 防错和出错处理
9. 开发测试和运行环境
10. 其他约束条件
附件

图 5-7 软件系统设计报告模板

是否将系统分解得非常细，得到的功能模块越多越好呢？

不是的。虽然这样做可以使模块的实现代价更低，但是把功能模块集成为原系统的代价却增大了很多，可能得不偿失。所以一个系统的模块数量不能过多也不能过少。

模块的基本特征是功能相对独立，并且可以被集成。每个模块都具有特定的、明确的功能，否则不能称为模块。在设计模块时应当尽量使模块的功能独立，因为功能独立的模块可以降低开发、测试和维护的代价。但是功能独立并不意味着模块是绝对孤立的。所有模块应当能够被集成为一个系统，所以模块之间必定要交流信息、相互配合。

比如手和脚是两个功能独立的模块。没有脚时，手照样能干活。没有手时，脚仍可以走路。但如果想让人跑得快，那么迈左脚时一定要伸右臂撤左臂，迈右脚时则要伸左臂撤右臂。

所以在设计模块时不仅要考虑这个模块应当有什么样的功能，还要考虑这个模块应该怎样与其他模块交流信息。

模块设计的三个原则：信息隐藏、高内聚和低耦合。

（1）信息隐藏。让模块仅仅公开必须要让外界知道的东西，而隐藏其他一切内容，这样可以尽量避免该模块的行为干扰同一系统中的其他模块。接口是模块的外部特征，应当公开。而数据结构、算法、实现则是模块的内部特征，应当隐藏。一个模块仅提供有限的接口，接口是模块与外界交互的唯一途径。如果模块是一个 C++ 类，那么模块的接口就是该类的公有函数。

（2）高内聚。内聚是一个模块内部各成分之间相关联程度的度量，相关性很高的东西应当放在一个模块内部，而不是分拆到两个模块中。

（3）低耦合。耦合是模块之间依赖程度的度量。耦合的强度取决于一个模块对另一个模块的函数调用数量，以及一个模块向另一个模块传递的数据类型。

为了提高全体开发人员的技术水平，应当让每个开发人员承担模块设计（由项目经理分配设计任务），而不是让系统设计师承担全部模块的设计工作。

软件模块设计包括接口设计、数据结构设计、算法设计、用户界面设计。软件模块设计报告的模板如图 5-8 所示。

一般来说，模块开发人员设计该模块的用户界面线框图，再提交给美工人员设计用户界面效果图。

×××模块设计报告

1. 模块功能介绍
2. 接口设计
3. 数据结构设计
4. 算法设计
5. 用户界面设计（线框图或效果图）
6. 模块之间的关系说明

附件

图 5-8　软件模块设计报告模板

5.3 硬件设计

硬件产品被批量生产之后，如果发现此硬件不符合用户需求，或者存在严重缺陷，导致卖不出去或被退货，那么这批硬件就报废了，将给企业造成很大损失。

硬件研发有较大的加工、运输和报废成本，而软件没有这类成本。所以软件可以提倡迭代开发，但是硬件研发不能这样做，因为成本太高。

硬件设计通常比软件设计更加严谨，花费时间也更长。要尽可能避免硬件设计变更，降低硬件迭代的次数，减少浪费。

如果硬件系统支持模块插拔，即增加或减少模块不影响原来的硬件系统框架，那么硬件模块也可以迭代开发。否则，硬件设计尽可能一次性完成。

硬件设计流程如图 5-9 所示，包括两个步骤：硬件系统设计、硬件加工和检测。

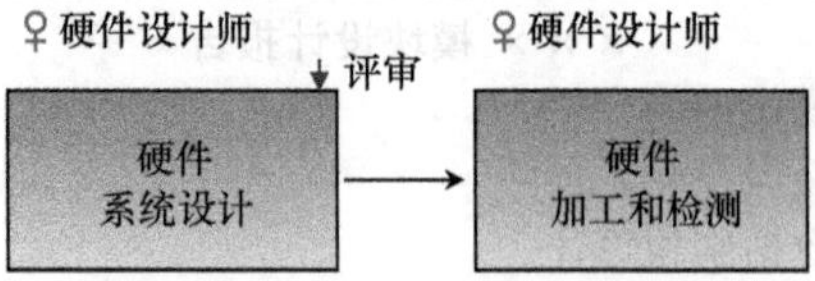

图 5-9　硬件设计的流程

1．硬件系统设计

项目经理分配设计任务给硬件设计师（可能多人）。硬件设计师完成设计任务后，撰写硬件系统设计报告，模板如图 5-10 所示。

项目经理召集相关人员进行硬件设计评审，找出问题、改进方案，降低设计风险。

××× 项目 硬件系统设计报告
1. 硬件功能框架图
2. 外观设计
3. 结构设计
4. 原理图和 PCB 设计
5. EMC 设计
6. 各项技术指标
7. 器件和材料清单
8. 开发测试和运行环境
9. 其他约束条件
附件

图 5-10 硬件系统设计报告模板

2．硬件加工和检测

硬件设计通过评审之后，进入硬件加工和检测环节。项目经理和相关人员开展如下工作：

（1）采购器件和材料；

（2）委托厂家加工硬件；

（3）硬件组装和检测。

如果发现设计问题，则改进设计方案，重新加工。如果发现加工问题，则与厂家协商改进工艺；如果厂家达不到要求，则更换厂家。

5.4 模块开发与集成

模块开发与集成的流程如图 5-11 所示，包括 5 个步骤：编程、调试、代码审查、模块集成和系统优化。

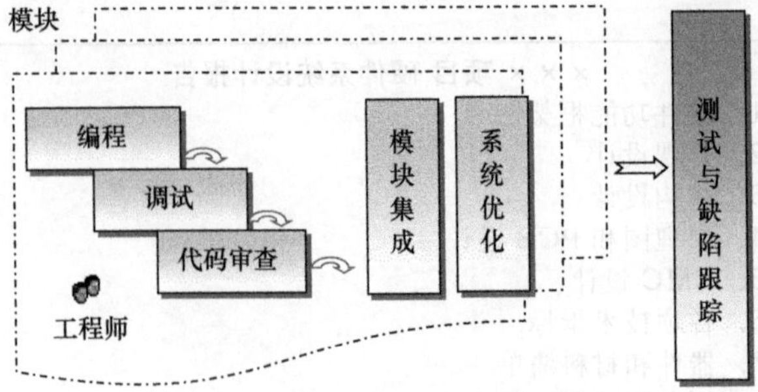

图 5-11　模块开发与集成的流程

项目经理分配模块开发任务给合适的开发人员，每个开发人员对模块的质量和进度承担最大责任。

项目经理应当充分了解开发人员的技能优缺点，让他们扬长避短，而不是平均分配任务。同时还要有意识地锻炼、提升成员全局开发的能力，要保证至少有一人可以替换别人的工作，否则万一某人缺席（如离职、休假等），将导致工作中断。

1．编程

软件开发人员构建编程与调试环境，安装软件开发工具（包括可复用库）、代码版本管理工具等。如果有异地开发和测试，还要构建异地协同工作的环境。

如果公司已经存在适合本项目的编程规范，那么所有开发人员都要学习和遵循该编程规范。

如果公司尚未有适合本项目的编程规范，那么项目经理需要组织人员来制定。

编程规范的主要用途是统一编程风格、提高代码质量，是给已经懂得编程的人使用的，所以不要把编程规范写成入门教科书。

2．调试

有些程序员有不良的编程习惯，只要程序通过编译、能够运行，他就认为已经完成了编程，然后等别人发现 Bug 后才去改错。

Microsoft 公司的杰出工程师 Steve Maguire 在其著作 *Writing Clean Code* 中极力提倡，程序员应当养成对代码进行单步跟踪调试的习惯，即当程序员编写完程序之后，不必等别人测试，自己马上对代码进行单步跟踪调试。

如今集成化开发环境提供了很好的调试工具，可以在程序的任何地方设置断点，查看任何变量的地址和值。所以单步跟踪调试能够发现数据溢出、内存泄漏、野指针等仅靠黑盒测试难以察觉的 Bug，无疑极大地提高了程序的质量。

但遗憾的是，大多数程序员觉得单步跟踪调试太花费时间，不值得提倡。理由是：程序中正确的代码远比错误的多，单步跟踪调试简直就是大海捞针，还不如等别人发现 Bug 后再改来得方便。

假设编写 200 行 C++ 代码要花费 8 小时，对这 200 行代码进行单步跟踪调试大约会花费 10 分钟，增加的工作量微不足道，但它会带来显著的好处:

（1）减少了后继的测试和改错代价（远远不止 10 分钟的工作量）。

（2）对自己的程序更有信心，不再为未知的 Bug 提心吊胆。

为了提升代码质量，企业应当要求所有程序员在提交代码之前执行单步跟踪调试。

3．代码审查

代码审查通常在程序员之间开展，同伴相互审查对方的代码是否符合编程规范、是否存在缺陷。代码审查有一些独到的优点，可以弥补软件测试的不足。

（1）软件测试不能发现代码风格不统一的问题，而代码审查则很容易做到。

（2）有经验的人可以一目十行地审查代码，并很快抓住一些常见 Bug。

所以在软件测试之前执行代码审查，可以降低测试的代价。程序员在执行代码审查之前要制定代码审查表，其中的检查项主要从编程规范中提取出来。

4．模块集成

模块集成，包含软件模块集成以及软件和硬件的集成。

把模块放在代码库里面，它们并不会自动集成。开发人员要编写模块之间的耦合程序，将各个模块按照既定的设计方案实现集成，一边集成，一边测试。

如果每个模块都通过了测试，集成会产生错误吗？

的确可能会产生错误！

集成 N 个模块肯定要编写耦合程序，这部分代码还需要测试。还有其他情况：数据通过不同的接口时可能出错；几个函数关联在一起时可能达不到预期的功能；在某个模块里可以接受的性能问题在集成后可能被扩大到无法接受的程度。

所以模块集成过程中的测试是必要的。

5．系统优化

当各个模块被集成为整个系统时，需要做系统优化，解决在单个模块中难以发现的一些问题。

系统优化是指优化整个系统的各方面的质量属性，如提高运行速度，提高对内存资源的利用率，使用户体验更好，等等。

想要做好优化工作，首先要让开发人员有正确的认识：**优化工作不是可有可无的事情，而是必须要做的事情**。当优化工作成为一种责任时，开发人员才会不断改进数据结构、算法和程序，从而提高系统的整体质量。

5.5 测试管理

测试管理的流程如图 5-12 所示，包括 3 个步骤：设计测试用例、构建测试环境、填写测试记录。

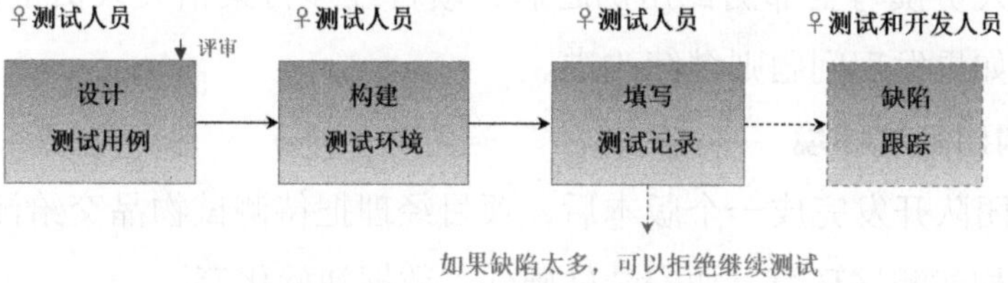

图 5-12　测试管理的流程

1. 设计测试用例

测试用例（use case）是用于检验某个功能是否正确的示例。每一个测试用例要说明执行什么操作、输入什么数据、得到什么结果。测试用例文档相当于测试操作手册。

使用测试用例的好处如下。

（1）既避免重复测试，又避免遗漏测试。

（2）测试用例详细说明了如何测试，其测试结果更加精准，比随意测试好得多。

（3）依据测试用例，非专业人员也可以测试。

当项目完成需求定义和设计后，项目经理就可以指定测试人员撰写测试用例文档，不必等到开发完成后才开始。测试用例的模板如图 5-13 所示。

用例名称		项目名称	
对应模块		撰写人	
前提条件			
操作步骤 / 输入数据		期望结果	
典型值测试			
边界值测试			
异常测试			
其他			

图 5-13　测试用例模板

测试人员撰写全部测试用例之后，项目经理召集相关人员进行测试用例评审，如果发现问题则继续改进。

2．构建测试环境

开发团队开发完成一个版本后，项目经理把待测试物品交给测试人员。测试人员构建测试环境，如安装软硬件、数据初始化等。

3．填写测试记录

测试人员根据测试用例文档执行测试，填写测试记录（可以多次），模板如图 5-14 所示。

如果测试发现缺陷，则立即报告缺陷，进入缺陷跟踪流程。

测试用例	测试结论	缺陷	测试人员	测试时间
测试用例A	通过/未通过	数量和状态		
测试用例B	通过/未通过	数量和状态		

图 5-14　测试记录模板

5.6 缺陷跟踪

缺陷跟踪的流程如图 5-15 所示，包括 3 个步骤：创建缺陷、处理缺陷和审核缺陷。

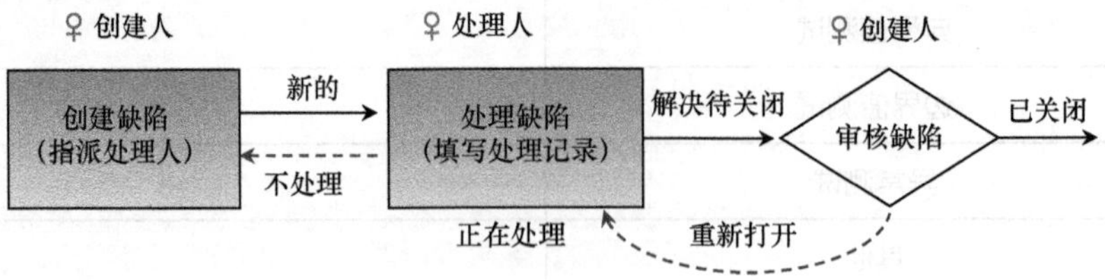

图 5-15　缺陷跟踪的流程

缺陷状态包括：新的、不处理、正在处理、解决待关闭、已关闭和重新打开。

缺陷的主要字段如表 5-1 所示。

表 5-1 缺陷的主要字段

缺陷创建信息	
所属项目/需求目录	
缺陷标题	
缺陷描述	
严重性	
对应测试用例	
创建人	
创建日期	
处理人	
期望完成日期	
附件	
缺陷处理信息	
处理人	
处理时间	
缺陷状态	不处理，正在处理，解决待关闭
处理说明	
缺陷审核信息	
审核人	
审核时间	
缺陷状态	已关闭（审核通过），重新打开（审核未通过）
审核说明	

1．创建缺陷

测试人员发现缺陷，在缺陷跟踪工具中创建缺陷，主要字段有：缺陷标题、缺陷描述、严重性、对应测试用例、处理人、期望完成日期和附件等。

此时缺陷的状态为“新的”。

2．处理缺陷

处理人（开发人员）填写缺陷处理记录，此时缺陷的状态有：

（1）不处理。处理人可以拒绝处理缺陷，例如缺陷描述不清楚、缺陷重复提出等。

（2）正在处理。表示处理人采纳了该缺陷，正在着手处理（自己处理或分配任务给他人）。

（3）解决待关闭。表示该缺陷已经解决，进入审核环节。

3．审核缺陷

当缺陷的状态为“解决待关闭”时，创建人要审核该缺陷是否真的已经解决。

审核的结果有两种：

（1）审核通过，缺陷状态置为“已关闭”；

（2）审核未通过，缺陷状态置为“重新打开”。处理人还要继续处理缺陷，直到该缺陷“已关闭”为止。

| 提示 |

缺陷跟踪是最重要的质量管理措施，是高频活动。缺陷数量往往比较多（数百或上千），企业应当使用统一的缺陷（问题）跟踪工具，示例如图 5-16 所示。如果没有缺陷跟踪工具，那么至少要使用 Excel 来管理缺陷。

图 5-16　缺陷（问题）跟踪工具的示例

6 项目实施过程

实施的含义和常用语“施工”相似。但是“施工”二字容易联想到“土木工程和民工干活的场景”，而实际上在室内安装系统也是“施工”。本书用“实施”来表示研发成果的“施工”。

项目实施是指在客户指定的环境中“安装、调试、试用”系统，包括自己研发出来的产品和采购来的设备。

“项目实施过程”通常是在“项目开发过程”完成之后开展的，主要过程域有：现场勘察、方案审核、实施指导、过程检查、试用和验收。虽然实施过程的技术难度没有开发过程的高，但是并不意味着项目实施很容易做。

很多企业的研发工作做得不错，但是实施过程比较差，导致没有实现期望的盈利。其主要原因是：研发团队一般是在企业内部工作，质量和效率容易控制，而项目实施分散在全国各地（客户指定的环境），实施人员通常不是本公司人员，他们可能是代理商的人员，也可能是临时请来的，导致项目实施的质量和效率比较低。

所以，将“项目实施过程”纳入研发管理体系是非常有必要的。一方面，实施是把研发成果交付给客户，让企业盈利；另一方面，实施过程在实际应用场景中检验了研发成果，比公司内部测试更加有效，同时，及时反馈问题给研发团队，便于改进产品。

6.1 现场勘察

现场勘察是指到客户指定的环境中观察、测量和记录，便于后续撰写实施方案。

现场勘察的流程如图 6-1 所示，包括 2 个步骤：勘察准备和勘察记录。

图 6-1　现场勘察的流程

1．勘察准备

双方商务联系人沟通协商，安排勘察人到客户指定的环境中勘察。勘察人做好勘察准备工作，包括各种器材，尽可能一次性完成勘察工作。

2．勘察记录

勘察人到现场后，观察并拍摄场景，测量必要的数据，记录到文档中，然后将全部勘察资料提交给方案撰写人。

6.2 方案审核

方案审核的流程如图 6-2 所示，包括 2 个步骤：撰写实施方案和审核方案。

方案审核的状态有 3 种：待审核、审核通过和审核未通过。

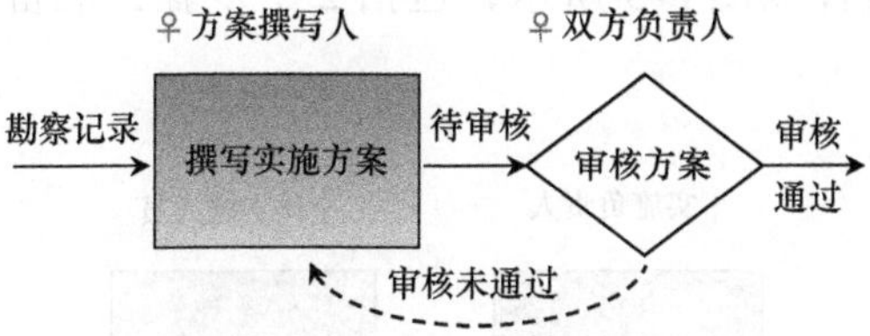

图 6-2　方案审核的流程

1．撰写实施方案

撰写人根据勘察资料和公司指定的模板，撰写实施方案，主要包含以下内容：

（1）设计效果图；

（2）施工图；

（3）设备和材料清单；

（4）其他必要文件。

2．审核方案

本公司项目经理先审核实施方案。如果审核未通过，则撰写人继续改进。如果审核通过，则把实施方案交给客户负责人审核。直到双方负责人都审核通过为止。

6.3 实施指导

由于实施人员分布在全国各地，大概率不是本公司人员，他们可能第一次接触本公司产品和实施方案，需要实施指导，否则很难一次性完成实施工作。

实施指导的流程如图 6-3 所示，包括 2 个步骤：准备指导材料和线上 / 线下指导。

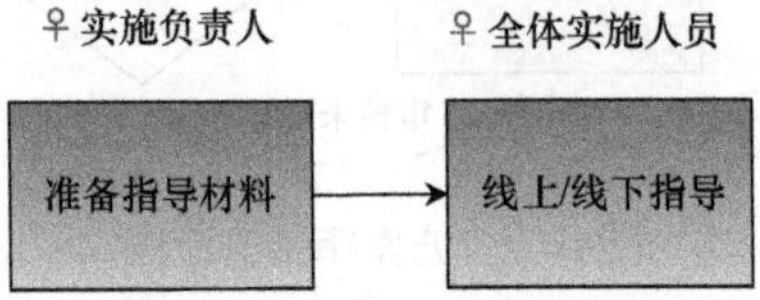

图 6-3　实施指导的流程

1．准备指导材料

实施负责人根据实施方案，准备更加详细的指导材料，包括各种设备的安装调试手册和相关视频等。

| 提示 |

常用的设备安装调试手册最好制作成为网页，插入图片和视频，生成二维码，便于手机浏览观看。详见 8.2 节知识库管理。

2．线上 / 线下指导

实施负责人尽可能在现场施工之前，对全体实施人员进行线上 /线下指导，包括讲解和答疑。如果实施人员在现场遇到问题，也可以远程指导。

6.4 过程检查

现场实施所用物品和工艺都是已知的，几乎不存在创造发明。实施人员只要依据实施方案，踏实地工作，不偷工减料，基本上都能够做好实施工作。

多数实施人员不是本公司人员，他们不可能花很多时间学习本公司的管理方法和流程，因此，现场实施需要简单有效的管理方法——过程检查。

过程检查的流程如图 6-4 所示，包括实线框所示的 2 个步骤：制定检查表、检查并填写检查表。

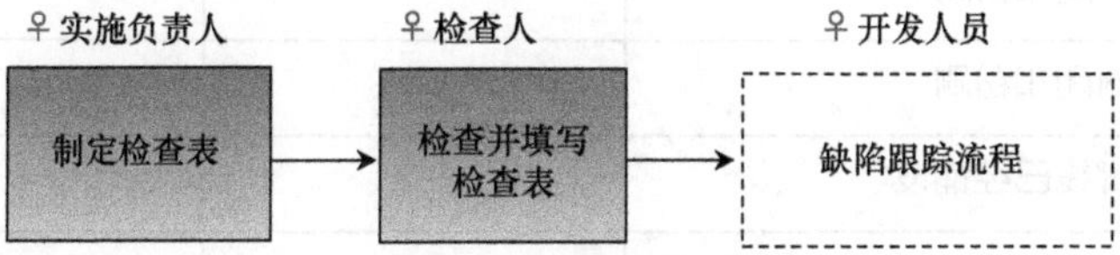

图 6-4　实施指导的流程

过程检查表的样式如图 6-5 所示。

检查项	检查人	检查时间	检查结论	检查说明
检查项A描述			通过/未通过	
检查项B描述			通过/未通过	
检查项C描述			通过/未通过	

图 6-5　过程检查表的样式

1. 制定检查表

实施负责人依据实施方案，制定相应的过程检查表，指定检查人。**其**

中检查项既是必要的操作步骤，也是质量检查点。

公司应当提供标准化的过程检查模板，便于实施负责人根据实际情况裁剪或补充。图 6-6 所示是室内简易装修的过程检查表示例。

室内简易装修的过程检查表		
检查项	检查人/检查时间	检查结论/检查说明
1. 施工材料已经进场，业主已验收		
2. 地面已经平整处理		
3. 所有地下管线已经铺设		
4. 墙面已经平整处理		
5. 所有墙内管线已经铺设		
6. 顶部管线已经铺设		
7. 顶部已经封闭和粉刷		
8. 墙面已经封闭和粉刷		
9. 地板和踢脚线已经铺设		
……		

图 6-6　室内简易装修的过程检查表示例

2．填写检查表

检查人员到现场检查，填写过程检查表。每一条检查项的结论为“通过 / 未通过”，检查说明包含文字和照片、视频等证据。

如果检查项未通过，则实施人员须及时改进，直到全部检查项通过为止。

3．缺陷（问题）跟踪

任何人在实施过程中发现本公司产品存在缺陷，报告给实施负责人。实施负责人确认缺陷之后（避免误解），再填写缺陷，进入缺陷跟踪流程。

6.5

试用和验收

当系统部署在客户指定的环境中之后（完成了安装和调试），便进入试用和验收流程，如图 6-7 所示，包括 3 个步骤：用户培训、试用反馈和验收。

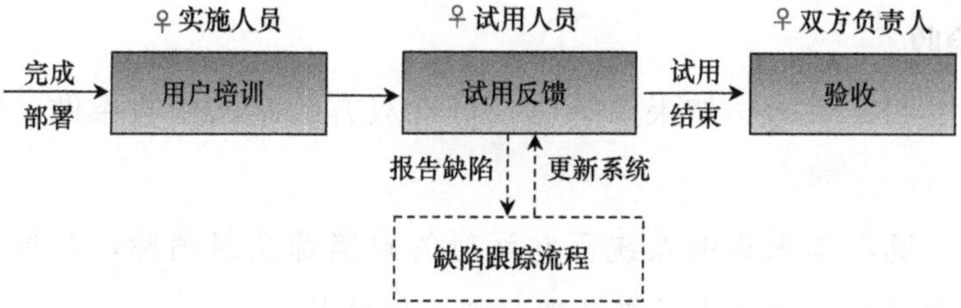

图 6-7　试用和验收流程

1．用户培训

实施方的讲师给客户方的试用人员培训。讲师和客户商定培训计划（确定时间、地点、人员批次等），再按计划给试用人员培训，并填写用户培训记录，模板如图 6-8 所示，作为培训服务的依据。

用户培训记录	
讲师	
课程名称	
培训时间	
地点	
学员	
培训内容介绍	
相关资料	
客户签字	

图 6-8　用户培训记录模板

2．试用反馈

用户在试用过程中，将发现的问题和建议告知实施方的项目经理。项目经理将问题和建议录入缺陷跟踪系统。

（1）如果缺陷导致系统无法正常运行，则要尽快纠错并更新系统。

（2）对于难以马上解决的建议，由项目经理（或上级领导）决定如何处理。

（3）项目经理应当及时把处理结果回复给用户，否则用户可能因得不到开发方的重视而降低试用的积极性。

3．验收

在试用期结束时，如果系统已经符合双方约定的验收条件，则进入验收环节。

一般来说，如果影响系统正常运行的缺陷都已经消除，其他不严重的缺陷都得到妥善处理或者承诺处理，则可以验收。

实施方的项目经理填写验收清单，客户方负责人签字验收，模板如图 6-9 所示。

项目名称			
客户方			
实施方			
验收清单	验收结论（通过/未通过）	验收人	验收时间
设备清单			
软件清单			
文档清单			
施工清单			
服务清单			

图 6-9　验收清单模板

7 产品管理和营销客服过程

本章把与消费者密切相关的过程域——产品管理、客户信息管理、销售管理、客服数据管理，汇总在一起论述。这些过程域源源不断地产生需求和客户意见，对研发的全过程都有影响。

很多企业用项目管理代替产品管理，用项目经理代替产品经理，这是错误的做法。企业领导务必要厘清产品管理和项目管理之间的区别，任命合适的产品经理，用正确的方法开展产品管理工作。

销售业绩主要取决于销售人员的水平和产品本身的竞争力，销售管理流程的主要价值是记录销售业绩和销售成败的经验教训。

客服数据管理是集中管理从各个途径获取的客户问题和需求，避免遗漏和丢失。相关人员按照“创建→处理→审核→反馈”的流程执行，避免领导、客户、营销人员直接指挥研发人员，打乱研发流程。

7.1 产品管理

很多企业不清楚产品管理和项目管理之间的区别，套用合同项目的开发方式来做产品，多数做不好。

有一位 IT 企业领导感叹道：公司做行业客户项目十多年，经验丰富，能力强，口碑好。我们很想研发出一款通用的产品，卖给本行业的客户，不希望每次都定制开发。但是数次立项研发都没有做好，做着做着又变成了定制项目。

他说想了一整夜，终于把这个问题的原因想明白了。因为他们公司长期为客户做项目，养成了一切以客户需求为主的习惯。需求不分好坏，只要客户给钱就做，功能越做越多、越做越杂。有了这样的思维和习惯，就会被客户牵着鼻子走，也就不可能做出能够引导客户消费的产品。

如果公司下决心要做行业通用的产品，不仅研发流程要改变，负责人也要改变，不能让做合同项目的人去领导产品的研发。

产品管理的目的：做出可以卖给很多客户（目标客户群体）的通用产品。

产品管理的挑战：既要满足多数客户的需求，又要避免出现过多的个性化需求，避免功能过多过杂。简而言之就是引导客户消费，而不是被客户引导。

产品管理的流程如图 7-1 所示，包括 4 个环节：产品策划、立项与开发、产品上市、反馈与改进。

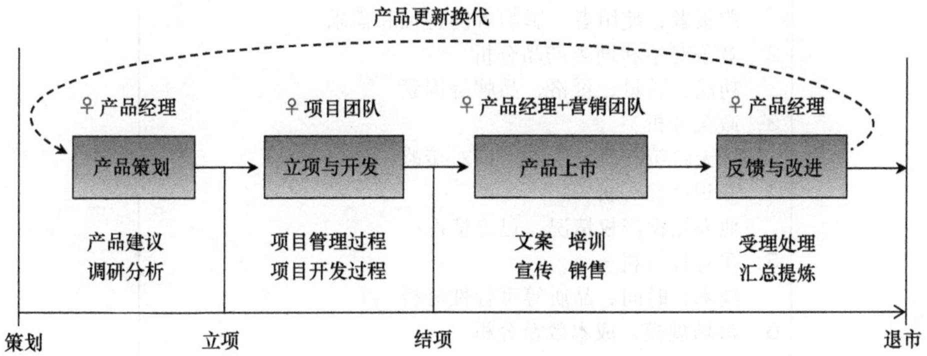

图 7-1 产品管理的流程

1. 产品策划

在产品策划环节，产品经理负责两件事：

（1）撰写产品建议书，模板如图 7-2 所示；

（2）组织调研，撰写产品调研分析报告。模板如图 7-3 所示。

这两件事同步开展，相辅相成。完成之后，产品经理申请立项，进入立项管理流程。

×××产品建议书

1. 产品定义（用途）
2. 目标消费群体
3. 为消费者创造什么价值
4. 产品主要功能清单
5. 产品优缺点和对策
6. 合作建议
7. 产品开发和上市计划
8. 所需人力资源和资金

图 7-2 产品建议书模板

×××产品调研分析报告

1．消费者调研
购买者、使用者、影响者的特征和需求
2．竞争对手和同类产品分析
功能、质量、价格、品牌等因素
3．政策分析
有无政策支持或限制，应对策略
4．知识产品分析
他人知识产权情况，己方情况
5．可行性分析
技术、时间、品质等可行性分析
6．市场规模、成本效益分析

图7-3　产品调研分析报告模板

2．立项与开发

在立项管理流程中，产品经理撰写立项申请书，将产品建议书和产品调研分析报告作为附件一并提交。

立项通过后，产品进入了项目开发和管理流程。**产品经理和项目经理不是上下级关系，两者分工不同，是合作关系。**

产品经理决定“做什么”，他对需求和产品竞争力负最大责任。

项目经理是产品实现的负责人，他带领团队在预定的时间内开发完成质量合格的产品。项目经理关注“怎么做”，对进度和质量负最大责任。

产品经理参与的项目工作有如下几项。

（1）需求分析和定义。跟踪需求完成情况，决定需求的变更。

（2）**各类设计评审。不仅要保证设计满足需求，更重要的是避免平庸的设计，**否则，产品即使满足需求，如果没有吸引力，无法打动消费者，也可能卖不出去。

（3）做第一个用户。项目经理发布产品试用版本后，产品经理不仅要安排潜在用户来体验产品，并且他自己就是第一个用户。**只有自己亲自使用了，才知道产品的优缺点，从而给出合理的改进建议。**

| 提示 |

很多企业的产品经理是临时角色，由营销人员或公司领导兼任，他们在立项之后就不再参与项目工作，等待项目完成。这种状况很难做出好产品，失败的风险是很高的。

3．产品上市

产品开发完成之后，在推向市场之前，产品经理和营销人员共同参与产品上市准备工作，主要包括：

（1）撰写宣传文案，制作宣传视频和印刷品等。

（2）寻找各种宣传途径，发布产品信息。

（3）对销售人员、代理商进行必要的培训。

上市准备工作完成之后，进入产品销售和客户服务环节。

4．反馈与改进

产品上市之后，产品经理从各个途径（如用户、销售人员、客服人员、代理商等）收集反馈意见，然后提炼产品改进建议。

如果产品是纯软件，可以把产品改进建议转化为项目需求，进入新一轮迭代开发。

如果产品的主体是硬件，更新换代的成本很高，由公司领导决策什么时候改进产品，再重新进入产品管理流程。

如果公司领导决定不再改进产品，则维持当前产品的销售和服务，直到退市为止。

7.2 客户信息管理

客户信息对任何企业而言既是财富又是机密。营销客服人员必须将自己获得的有效客户信息输入到管理系统中，避免数据丢失以及个人独占信息。本公司人员在授权范围内共享客户信息。

客户信息管理的流程如图 7-4 所示，主要步骤包括：区域划分，输入客户单位信息和输入客户联系人信息。

图 7-4　客户信息管理的流程

1．区域划分

区域划分的目的和用途如下。

（1）将本公司众多的客户归类到指定的区域，便于快速查询。区域一般按省份划分，如浙江省、江苏省，或按地区划分，如华东地区、华北地区等。

（2）每个区域指定一些区域管辖人员，他们有权查阅该区域的客户相关信息。不是区域管辖人员的，则无权查阅，起到保密作用。

营销部门领导划分区域，其主要字段如表 7-1 所示。

表 7-1　区域信息的主要字段

区域名称	区域管辖人员	说明

2．输入客户单位信息

销售人员或客服人员输入客户单位信息，其主要字段如表 7-2 所示。

| 提示 |

如果公司有代理商，也可以把代理商当作一种特殊的客户看待，这样可以共用数据库。

表 7-2　客户单位信息的主要字段

客户单位信息			
客户简称		客户全称	
所在城市		所属行业	
客户类型		所属区域	
联系电话		邮政编码	
单位地址			
单位网址			
客户简介			

3．输入客户联系人信息

销售人员或客服人员输入客户联系人信息，其主要字段如表 7-3 所示。

｜提示｜

如果客户联系人没有归属单位，则可创建若干“虚拟单位”进行归类，例如“个体户”。

表 7-3　客户联系人信息的主要字段

客户联系人信息			
客户单位			
联系人姓名	部门/职务	手机/邮箱	其他说明

7.3 销售管理

销售管理的流程如图 7-5 所示，包括 4 个步骤：营销策划、销售跟踪、签订合同、合同跟踪和收款。

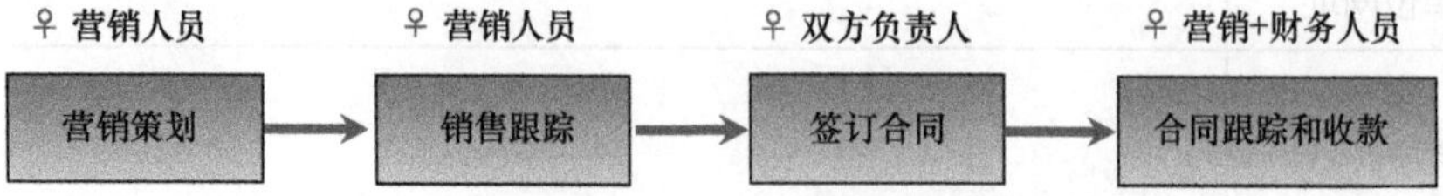

图 7-5　销售管理的流程

1．营销策划

营销负责人召集相关人员，商议营销方案（如宣传、促销活动等），撰写营销计划。之后汇总并填写实际执行情况。营销策划模板如图 7-6 所示。

营销策划			
标题			
参与人员			
计划开始日期		计划完成日期	
成本估算			
工作内容			
实际开始日期		实际完成日期	
实际成本			
执行情况			

图 7-6　营销策划模板

2．销售跟踪

销售人员通过各种途径接触潜在客户，了解客户需求，提供产品演示、答疑等服务，填写销售跟踪记录，模板如图 7-7 所示，便于自己和上级领导随时了解销售进展情况。

销售跟踪记录		
标题		
客户单位		
跟踪人/时间	客户联系人	状态/情况说明
跟踪人： 时间：	姓名： 电话：	状态：初步接触，洽谈中，签约，放弃 说明：

图 7-7　销售跟踪记录模板

3．签订合同

商务谈判结束后，销售人员使用双方认可的合同模板，撰写销售合同。各方进入合同的审批流程。

双方责任人仔细审查合同中的每个条款，确保合同没有错误和隐患，然后签字、盖章，使合同生效。

销售人员将合同信息输入管理系统，便于后续合同跟踪和收款。合同的主要字段见表 7-4，合同列表的样式如图 7-8 所示。

表 7-4　合同的主要字段

合同名称		客户单位	
我方联系人		客户联系人	
合同签订日期		计划完成日期	
合同金额		质保期限	
合同摘要			
附件			

名称 / 单位	日期	金额	联系人	跟踪信息
合同名称： 客户单位：	签订日期： 计划完成日期：	合同金额： 已收金额：	我方联系人： 客户联系人：	合同状态： 情况说明：

图 7-8　合同列表样式

4．合同跟踪和收款

销售人员跟踪合同的执行情况，督促客户付款，填写合同跟踪与收款记录，模板如图 7-9 所示。

提醒：分期付款的合同通常有多条合同跟踪和收款记录。销售人员要把银行凭证和发票照片作为附件上传到管理系统，便于后期双方查证。

合同跟踪和收款记录				
合同名称			合同金额	
计划收款	实际收款	状态/情况	发票/附件	跟踪人/日期
计划收款金额： 计划收款日期：	实际收款金额： 实际收款日期：	合同状态： 情况说明：	发票：已交/未交 附件：	跟踪人： 跟踪日期：

图 7-9　合同跟踪和收款记录模板

7.4 客服数据管理

客服数据管理是指记录客服过程中的全部信息并保存在数据库中，有如下价值：

（1）统一管理从各个途径获取的客户问题和需求，避免遗漏和丢失。这些信息可能包含很严重的缺陷或很好的改进建议，如果不及时记录，当事人也许很快就忘记了。

（2）领导和营销人员可以随时查看数据库，了解客服的状态和详细情况，及时反馈给客户，有利于维护良好的客户关系。

（3）相关人员按照**“创建→处理→审核→反馈”**流程执行，避免领导、客户、营销人员直接指挥研发人员，打乱研发流程。

领导和客户喜欢越级指挥研发人员，对他们而言这样效率最高。领导一着急就直接找开发人员干活，导致原先的任务被耽搁，项目经理都不知道开发人员在干什么。客户一旦认识开发人员，也喜欢直接给开发人员指派需求，导致开发人员干了很多额外的活。

而且领导和客户一直以为他们从不干扰研发，因为他们忘记了，没有数据记录可以提醒他们，所以这种状况会一直延续下去。

有个 IT 企业用了客服数据管理工具之后，发现一年时间里竟然收集了 3 000 多条客户问题需求。想想看，如果没有这个数据库，那么多信息放在哪里？

其中有个客户经常说：我是最大方、最守规矩的人。我只要求开发方按照合同来开发，从来不提额外的需求。

销售经理进入管理工具查询发现，这个客户一年内提了上百条需求，他自己都忘记了。当销售经理把详细的客服清单打印出来给客户后，客户称赞他们管理做得好，自己可以放心了，以后就不必提那么多需求了。

客服数据管理非常重要，用过的企业才知道它的价值。

客服数据管理的流程如图 7-10 所示，包括 4 个步骤：创建客服、处理客服、审核客服和反馈客户。

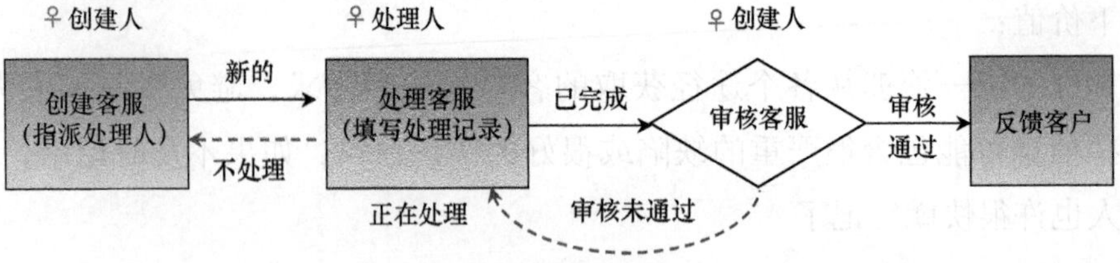

图 7-10 客服数据管理的流程

1．创建客服

任何有权限的人（创建人），都可以将自己获取的客户的问题、需求、建议、抱怨等原始信息输入管理系统中，并指派处理人。

2．处理客服

处理人分析客服信息，填写处理记录。

（1）不处理。如果客服信息描述不清，或重复，或无法实现，或者不符合公司利益，处理人可以拒绝处理。

（2）正在处理。处理人采纳了这个客服信息，自己直接处理或者安排他人处理。

（3）已完成。表示该客服已经处理完成，进入审核环节。

3．审核客服

当客服状态为“已完成”时，创建人要审核是否真的已经完成。审核的结果有两种：审核通过和审核未通过。

当客服状态为“审核未通过”时，处理人还要继续处理，直到“审核通过”为止。

4．反馈客户

当客服状态为“不处理或审核通过”时，创建人应及时把处理情况反馈给客户，以维护良好的客户关系。

8 研发支持过程

研发支持过程不直接参与研发，但是对研发有持久的帮助，起到幕后支持作用，好比是战争中的后勤保障。

常见的研发支持过程域有：公共技术平台建设、知识库管理、培训管理、供应商管理和零部件采购管理。

企业执行这些过程域可能会消耗不少精力和成本，而且不能马上见效，导致很多企业不愿意做。

但是，就好比“要想富，先修路”，支持过程就是给企业输送长久利益的道路。修路是短期成本较高的苦力活，却值得做。

很多企业初期并没有过人的才能和资源优势，后来发展成为优秀企业，它们不是靠走捷径和碰运气，而是认认真真地做了别人不愿意做的诸多必不可少的基础工作。

8.1 公共技术平台建设

企业的研发团队可能做过多个项目，这些项目中有很多功能是相似的，甚至是重复的。比如软件用户界面的展现和操作方式，用户管理、权限管理、系统登录和注册、短信提醒和验证等，几乎是一模一样的。

对于已经开发过的模块，如果在新的项目中又重新开发，这叫“重复发明轮子”。这种做法是很糟糕的，不仅效率很低，而且质量也可能不高。因为你在“重复发明轮子”的过程中又产生了新的缺陷，新的轮子不见得比原先的轮子更好，但是付出的成本还是很多。

解决上述问题的思路很简单，就是建设公共技术平台。平台里面的东西都是测试过的，或者消费者使用过的，称为标准件。在项目开发过程中，可以直接从公共技术平台里面调用标准件。在软件领域，最常用的标准件是库函数，程序员都知道库函数的价值。

企业建设公共技术平台的目的是大幅度提高应用项目的开发效率和质量。公共技术平台和应用项目之间的关系如图 8-1 所示。

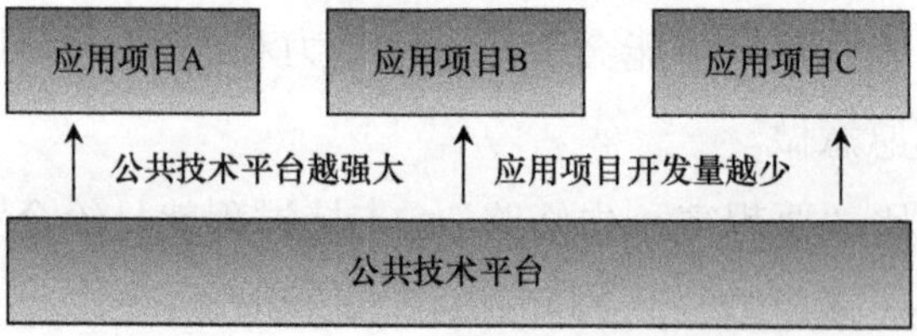

图 8-1　公共技术平台和应用项目的关系

公共技术平台好比是一棵大树的树根和主干，而那些应用项目相当于枝干和叶子。根系发达，主干粗壮，才能够枝繁叶茂。

公共技术平台越强大，那么应用项目的开发量就越少，效率和质量也就越高。

建设公共技术平台的流程如图 8-2 所示，包括 3 个步骤：创建平台项目、提炼标准件和应用项目调用标准件。

图 8-2　建设公共技术平台的流程

1．创建平台项目

企业要把公共技术平台当成内部产品来看待，要有一个稳定的项目团队来开发和维护。

企业创建平台项目时须指定项目经理（平台负责人），项目成员可以兼职。

2．提炼标准件

平台中的标准件不是凭空设想出来的，它是从各个应用项目中提炼出来的，就是把每个项目中的通用功能提取出来，放入平台中。同时要把项目中的对应源代码删除掉，改为调用标准件。

3．应用项目调用标准件

平台开发人员还要负责编写标准件的接口文档，编写调用示例，帮助应用项目人员调用标准件。

公共技术平台的代码库会越来越大，而应用项目的代码库会越来越小，因为所有通用的功能都已经被标准件取代，调用标准件可能只需要几行代码。

如果平台中的标准件从来没有被应用项目调用过，那就说明它没有价值。

8.2 知识库管理

这里的知识，不是指教科书上的知识，是指企业的经验教训和各类工作指导资料（如手册、流程等）。把这些知识财富放在公司的服务器上，让员工很容易浏览和交流，可避免重复犯相同的错误，少走弯路，提高全员的工作效率和质量。

知识库管理的流程如图 8-3 所示，包括 4 个步骤：创建目录、知识入库申请、知识入库审核、知识浏览和文档下载。

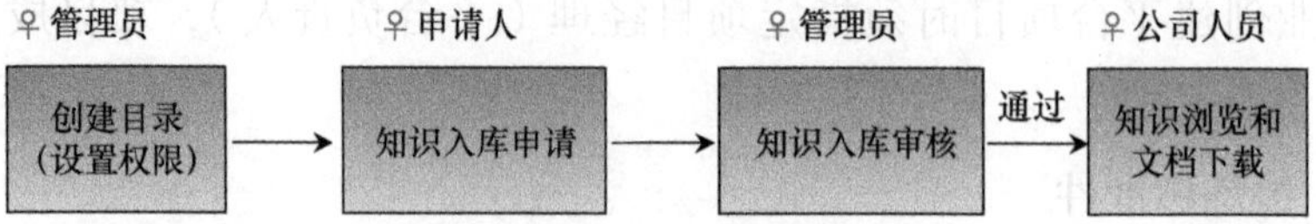

图 8-3　知识库管理的流程

1．创建目录

公司指定知识库管理员创建知识库的目录，为公司人员设置操作权限。

2．知识入库申请

申请人按照指定格式撰写知识，上传附件（如文档、图片、视频等），等待审核。

3．知识入库审核

知识库管理员审核知识，主要检查正确性和完整性，审核通过后，该知识正式发布。

|提示|

最好为项目实施类的手册生成二维码，便于现场实施人员用手机浏览。

4．知识浏览和文档下载

有浏览权限的人员可以用计算机或手机浏览知识、下载文档。

8.3 培训管理

企业培训的目的是提高员工的工作效率和工作质量。

培训是有成本的，但是不培训的成本更高，因为不培训造成的损失远高于培训成本。

企业培训的内容有两类：一类是工作流程和规章制度培训，另一类是工作技能培训。

企业培训的组织形式也有两类：一类是企业规定培训，另一类是自主培训。

8.3.1 企业规定培训

企业规定培训是指已经规划好的培训，不是临时发起的，例如新员工入职培训。流程如图 8-4 所示。

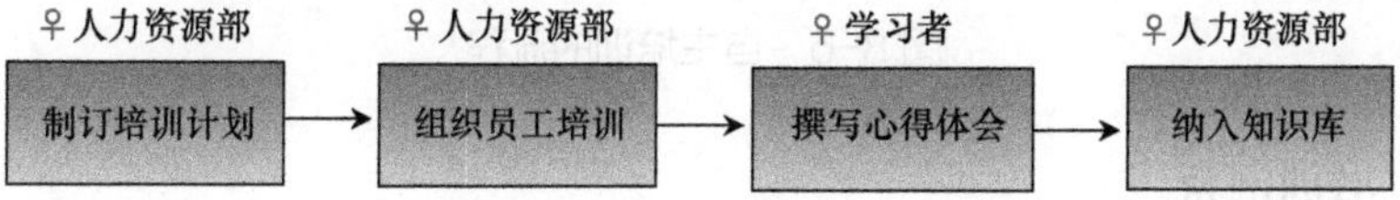

图 8-4　企业规定培训的流程

1．制订培训计划

人力资源部制订本年度的培训计划，包括课程清单、学员、讲师、资料、计划日期等，模板如图 8-5 所示。

培训计划			
课程名称	学员	计划日期	讲师/资料

图 8-5　培训计划模板

2．组织员工培训

人力资源部邀请讲师，审阅培训资料，确定培训时间和地点，组织相关员工参加培训。

3．撰写心得体会

学员撰写培训心得体会，交给人力资源部。

4．纳入知识库

人力资源部汇总培训资料和学员心得体会，纳入知识库。

8.3.2　自主培训

各个部门随时会产生特定的培训需求。把超出规定的培训和由各部门自己组织的培训，统称为自主培训，流程如图 8-6 所示。

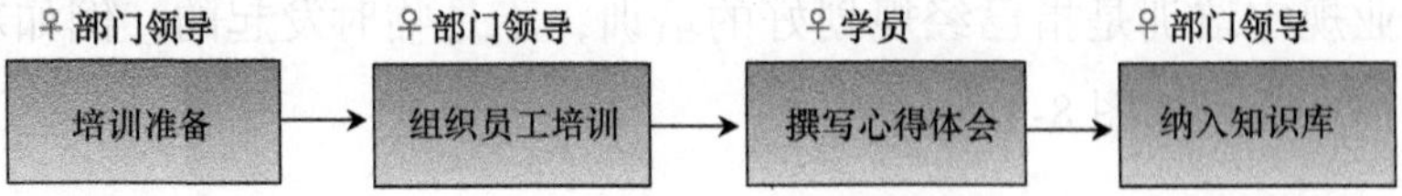

图 8-6　自主培训的流程

1．培训准备

部门领导根据实际培训需求，找到相应的讲师。如果是外聘讲师，涉及培训费用，则须同人力资源部沟通。如果讲师是公司内部人员，则部门领导直接与讲师沟通，确定培训的时间。讲师准备相关的培训资料。

2．组织员工培训

部门领导组织相关员工参加培训。

3．撰写心得体会

学员撰写培训心得体会，交给部门领导。

4．纳入知识库

部门领导汇总培训资料和学员心得体会，纳入知识库。

8.4 供应商管理

在产品研发过程中，不可能所有东西（如软硬件）都靠人们自己做。术业有专攻，对于一些零部件，别人已经做好了，买来后集成到自己的产品中就可以了，又快又好。

提供零部件的厂家是供应商。注意，从供应商那里买零部件，不是自己消费，而是要集成到产品中，卖给最终消费者。这种做法效率很高，但是会有风险。如果零部件的品质不好，或者供应商不守信用，不能及时交货，就会给公司造成损失。

供应商管理的目的是遴选出高质量、守信用的供应商，成为长期的合作伙伴。质量和信用的重要性远高于价格。

供应商管理的流程如图 8-7 所示，包括 3 个步骤：输入供应商信息、输入零部件信息和输入供应商评价。

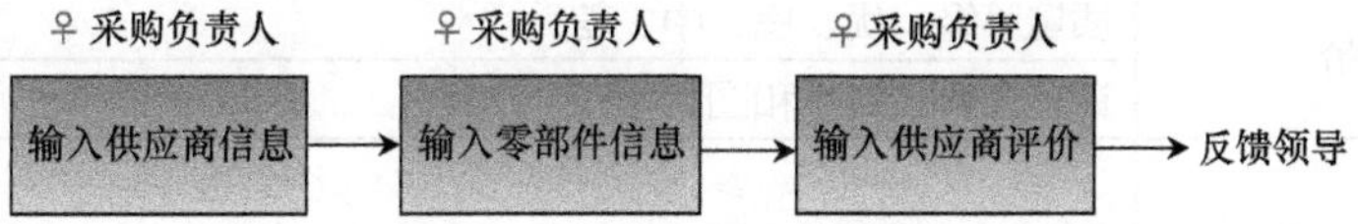

图 8-7　供应商管理的流程

1．输入供应商信息

研发部门把所需零部件的需求发给采购负责人，让其寻找合适的供应商，并输入供应商单位信息和联系人信息，模板如图 8-8 所示。

供应商名称		
供应商资料	输入供应商的工商税务信息和业务介绍	
联系人	职务/备注	联系方式
零部件名称/型号	零部件说明/附件等	价格

图 8-8　供应商和零部件信息模板

2．输入零部件信息

采购负责人输入零部件信息。

3．输入供应商评价

公司采购了某供应商的零部件，使用一段时间后，采购负责人须向使用人员获取反馈信息，输入供应商评价，模板如图 8-9 所示。

供应商名称	
供应商信用评价	信用等级：优、良、中、差
	评价资料：文字和图片等
零部件A评价	质量等级：优、良、中、差
	评价资料：文字和图片等
零部件B评价	质量等级：优、良、中、差
	评价资料：文字和图片等
领导意见	

图 8-9　供应商评价模板

采购负责人把供应商评价信息反馈给公司领导，由公司领导决定进一步合作或者停止合作。

8.5 零部件采购管理

零部件采购管理的流程如图 8-10 所示，包括 4 个步骤：采购申请、审批、签订采购合同、验收和付款。

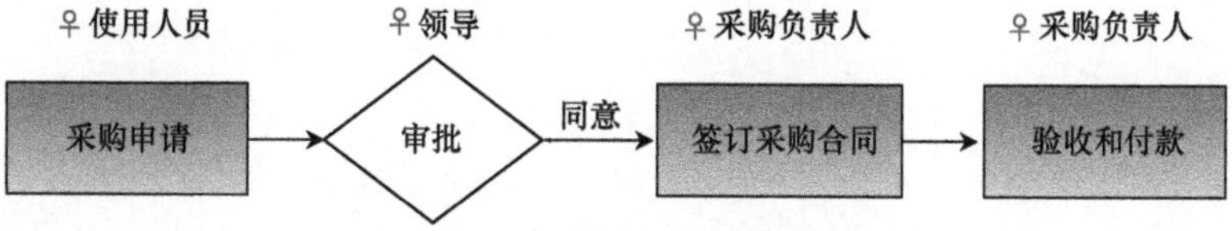

图 8-10 零部件采购管理的流程

1．采购申请

零部件使用人员根据实际需求填写采购申请单，模板如图 8-11 所示。

零部件名称 / 型号	采购数量	期望到货日期
用途说明		
审批信息	审批人： 审批日期： 结论：同意/不同意 意见：	

图 8-11 采购申请单模板

2．审批

领导（可能多人）审批采购申请单，填写审批结论和意见。

3．签订采购合同

采购负责人和供应商洽谈，签订采购合同。

4．验收和付款

一般情况，财务人员根据合同支付首付款，供应商发货。采购负责人组织人员检查物品，验收通过之后，财务人员支付尾款。

如果物品在使用过程中发现缺陷，采购负责人应及时联系供应商更换物品或者退货。此时，采购负责人也应及时填写供应商评价信息。

9 量化管理的思想方法

企业量化管理的目的：精确地描述企业各项工作及其目标，运用数学统计分析方法，让人们快速、精确地了解企业各个方面的实际状况，为管理者解决问题和做出决策提供简洁明了的数字依据，从而提高管理效率，提升企业效益。

本章介绍量化管理的概念、步骤、特征和优点、困难、实施建议，以及研发企业常用的度量元和统计方法等。

量化管理很有吸引力，但实施难度比较高，前提条件是已经实现效能 2 级（项目已管理）和效能 3 级（全过程管理）。量化管理适合于追求优秀 / 卓越管理的企业。

9.1

量化管理的概念

量化管理，是指以数字为基础，用数学的方法来考察和研究事物的运动状态和性能，以求对事物存在和发展的规模、程度等做出精确的数字描述和科学控制，对关键的决策点及操作流程实行标准化操作的管理模式。

量化管理借鉴和吸收自然科学的方法和手段来解决管理问题，把管理活动抽象成数学模型，运用各种数学方法对管理结果进行统计分析，追求管理结果的数量化和精确化，在一定程度上促进了管理的科学性、严谨性。

各行各业纷纷引入量化管理，包括企业和政府。如果不善于使用数据，则难以说清事情。

当看到“人口众多、地大物博”的文字时，每个人的理解是不一样的。治理国家和地方，一定要搞清楚多少人、多少地、多少物，这是量化管理。

企业经营决策不能基于感性描述，如“客户很多，卖得很好，形势很好”，一定要搞清楚“多少客户，卖了多少，增长率多少”，这就是量化管理。

任何管理方法都有其适用范围和局限性，量化方法也一样，它不是万能的。如用量化方法来考察社会活动，从表面上看似乎增加了科学性，但有时却可能会对事物本质产生误解。

在某些情况下，数字能够有效地表达事物的部分特征，却不能表达全部特征。有些量化结果看似精确而实际上不能反映事实真相。例如把一个亿万富翁和九个穷人放在一起，可以精确地算出平均财富，这种量化结果掩盖了贫富差异的实质，甚至得出了“十个千万富翁”的荒谬结论。

企业量化管理的目的：精确地描述企业各项工作及其目标，运用数学统计分析方法，让人们快速、精确地了解企业各个方面的实际状况，为管理者解决问题和做出决策提供简洁明了的数字依据，从而提高管理效率、提升企业效益。

量化管理听起来高端，让人向往，做起来却比较难。下面是我对量化管理的一些见解：

（1）量化管理不是革命性的管理方法，它和传统管理之间不是推翻和取代的关系，而是补充和升华的关系。

（2）量化管理是 CMMI 4 级，前提条件是满足 CMMI 2 级（项目已管理）和 CMMI 3 级（全过程管理），无法越级单独实现量化管理。如果没有过程管理实践，就无法提炼出有效的数据，量化管理就无从下手。

（3）即使企业娴熟地掌握了量化管理方法，而最终的管理成效仍然依赖于集体的智慧、能力、责任心、经验教训等。因此，一定要充分理解量化管理的优点和困难，在应用时把握分寸。

9.2 量化管理的三个步骤

量化管理有三个步骤：度量、数据分析和决策（见图 9-1）。

图 9-1　量化管理的三个步骤

（1）度量，是指设定能够表达事物特征的若干参数，然后提取这些参数对应的数据。

例如，表达儿童生长发育特征的参数有年龄、身高和体重，可以每年测量和记录这三个参数对应的数据，形成数据表格，就完成了度量。

（2）数据分析，是指研究度量得到的数据，发掘数据中蕴藏的重要信息。

从单独的年龄、身高、体重数据中看不出重要的信息，但是把这三个参数放在一起，就能评估儿童的发育情况，给出精准的结论，如正常、偏胖、偏瘦、偏矮等（见表 9-1）。

表 9-1 儿童发育评估表

性别	年龄（周岁）	身高（米）	体重（千克）	发育状况
男	10	1.41	34.00	正常
男	10	1.38	24.50	偏瘦
男	10	1.40	46.50	偏胖
男	10	1.28	35.00	偏矮

（3）决策，是指管理者根据数据分析的结果给出解决问题的措施。由于数据分析是精准的、令人信服的，那么管理者的决策会更加科学，相关人员也容易理解和执行。

很多"马虎"的家长不知道孩子的身高和体重，当家长看到孩子发育的数据报表时（测量是精准的，结论是令人信服的），家长就不会置之不理或仅凭感觉处理了。他们会更加科学地采用食疗、医疗、体育锻炼等方式来解决孩子的生长发育问题，孩子理解之后也会配合，这就是量化的好处。

9.3 量化管理的特征和优点

（1）量化的目标比定性的目标更加清晰明了，避免人们对工作目标的理解有较大差异而导致执行结果偏离目标。

例如，快递公司为某些快件设定量化目标"同城 12 小时送达，异地 24

小时送达”。这样的工作目标清晰无误，所有快递员都不会误解，不仅容易考核，而且也让客户放心。

相比之下，定性目标“尽快送达”貌似很动听，但是会导致管理混乱。因为所有快递员对“尽快送达”的理解并不一致，有些人认为是几个小时，有些人认为是几天，久而久之，快的朝慢的靠拢，客户因失望而不断流失。

（2）为了使人们达到量化的工作目标，必须制定标准化、精确化的工作流程，并且训练工作人员使其娴熟掌握技能。

使企业各个环节的工作达到预期的质量和效率，不仅可实现目标，而且能为企业获得规模复制效益奠定基础。

标准化是指同一工种的操作步骤都是相同的。每个操作步骤的结果越精确，所有步骤的累计结果也就越精确。最终使同一工种的所有人员的工作质量和效率高度相似。

麦当劳、肯德基所有连锁店的食品质量几乎是一模一样的，主要源自其标准化和精确化的工作流程，即同一工种的人员接受相同的培训。无论是制作汉堡还是薯条，人们都依据已定义的工作流程来操作，工作产物几乎完全相同。这种管理模式可以在各个连锁店成功复制。

（3）用数学统计分析方法可以快速地计算出所有样本的总体特征量，为管理者了解企业情况、做出决策提供简洁明了的数字依据，比人工方式遍历考察所有样本的效率要高得多。

假设领导想了解本公司的客服情况。传统的做法：他把所有客服人员叫来并逐一询问情况。他问得越仔细，大家消耗的精力就越多，而且大家七嘴八舌也未必能将真实情况描述清楚。

如果对数据库中的大量客服记录进行统计分析，几秒钟就能算出每条客服记录的平均受理周期、平均处理周期、平均处理工作量，这些度量元从某种程度上可以反映出客服能力。

一般来说，样本数量越大，统计结果就越精确，越具有洞察力，统计分析方法的优势就越明显。即使某些样本数据不准确，也不会明显影响统计结果。如果某些样本数据造假的话，也容易通过异常分析把它找出来。

（4）量化管理使员工绩效评估更加公正透明，利于企业稳定发展。

工作流程是标准化的，容易检查员工是否遵守流程制度。工作目标是量化的，容易检查员工有没有达到目标。相同工种的人员采用相同（或相似）的考核制度，所有人员的工作记录都保存在数据库中，而不是保存在上级领导最近1个月的记忆中。

也许任何绩效分析方法都不会十分准确、令所有人满意，但是量化的绩效分析方法至少是公正透明的，做到这一点，对企业稳定发展是至关重要的。

正如高考制度虽然不是培养和选拔人才的完美方法，但是在目前却富有成效，使得全国各地不分富贵贫穷的学生都有读大学的机会，为国家源源不断地培养和输送大量人才。

用考试分数来评价学生的水平，所有考生都遵守同一量化规则，这虽然不完美，但是符合国情，对国家稳定发展功不可没。

（5）去神秘化，企业的命运不再依赖于个别领导，有利于企业健康长久地发展。

很多成功的中国企业家习惯从孔子、老子等古圣人那里汲取智慧，结合自己的阅历，演绎成为自己的管理哲学。在他们眼里管理哲学是简单的，但是在大众眼里则是高深莫测的。

不同的人对同一哲理的理解是不一样的，甚至同一个人在不同时期对同一哲理的理解也是不一样的。例如无为而治、灰度管理，你能准确理解并能够把握分寸吗？

如果企业多数人难以理解领导说话的深刻含义，怎么能够把活干好呢？

日本更换首相的频率很高，社会却不乱。这是因为日本社会治理已经高度规范化，不因首相而异。

而很多企业换总裁，组织结构要改革，流程制度要改革，很多管理也要顺应领导而改变。

中国不乏辉煌一时的企业，但是长命的企业不多，主要原因之一是企业领袖个人的那套管理哲学难以有效地传承给继承者。换一届领导，就要进行一次改革，这样容易影响企业的健康发展。

量化管理方法基于标准化流程和数学统计，企业积累的各种量化知识经验不仅可用于当前工作，而且还用于预测和指导未来的工作。

9.4 量化管理的困难

1．非量化的传统和习惯难以改变

千百年来，中国人的生活和工作倾向于定性管理而非量化管理。

例如中国厨师做菜，基本都是凭感觉和经验，很少用天平、量杯之类的度量工具。连菜谱上都写着“盐少许”，具体放多少盐，由厨师根据情况自己把握。这种非量化的做法，似乎不妨碍做出大量美味佳肴。

非量化管理方式也能够做出好作品，但是不具有规模复制效应，所以中国餐饮企业的规模和效益也远低于肯德基、麦当劳。

2．人际关系凌驾于流程制度和量化结果之上

国内很多企业和事业单位存在复杂的人际关系，而人际关系凌驾于流程制度之上。某些人违背了流程制度，却可以网开一面，久而久之流程制度就失效了。

量化管理貌似有一个很大的缺点，即很容易得罪人。如果没有量化管理，很多事情可以含糊处理。一旦有了量化结果，就需要严格按照要求来处理。在一些人际关系复杂的企业中，量化管理会遭到“既得利益者”的阻挠，很难推行。

3. 企业为量化管理付出了额外成本，但是未得到准确数据，未取得预期成效，难以继续推行

如果没有成功案例，同行企业们也就不愿尝试量化管理。

设计量化管理方法、制定量化管理制度是一件有难度、比较消耗精力的事情。在执行量化管理的过程中，最大困难是获取充分的、真实有效的数据，如果统计分析结果不准确，就达不到量化管理的目的。

企业需要很好的技术手段来支持量化管理，要能够快捷、准确地获取数据，否则统计结果与实际情况偏差太大，就很难推动量化管理。

9.5 量化管理的实施建议

1. 企业既要有定性目标，又要有量化目标

所谓定性目标，是指用简洁的语句来表达企业的使命或志向。

直白的定性目标，例如“成为中国最强、全球领先的电信设备供应商”。含蓄的定性目标，例如“成为更健康、更长久的企业”。

定性目标的优点是为公司指明了方向，有丰富的内涵，能够形成企业特有持久的文化。其缺点是不好把握程度，不好考核是否达到了目标。

量化目标则用清晰、准确的数字来表达企业要达到的目标，例如销售额、增长率、市场占有率等。

量化目标的优点是不会被误解，容易考核是否达到目标。其缺点是量化目标并不能全面、真实地反映企业真正追求的东西。

例如，有些人为了达到企业设定的销售额目标（短期目标），可能会做出损害企业长期发展的事情。表面上看是达到了目标，实质上背离了企业真实的意愿。

再如，人人都希望自己健康长寿，把寿命目标设定为100岁。如果有人从60岁起一直瘫痪在床，靠药物支撑到100岁去世，这个量化目标是达到了，但是没有健康的长寿，还有意义吗？

可见，定性目标和量化目标是相辅相成的。定性目标是对企业使命的宏观描述，而量化目标则是对定性目标的数字阐述。在实现量化目标的过程中，不可以违背定性目标。

企业定性目标是长期稳定不变的，而量化目标则随着形势的变化而变化。例如，企业的服务宗旨、价值观是长期不变的，而销售额等目标可能每年都在变。

2．量化目标要合理，要与企业的能力匹配

不要以为制定了量化目标，然后把目标分解到各个部门、各个岗位，这就是量化管理。

很多企业喜欢提出好高骛远的目标，在宣传的时候让员工很激动，但是激动之后却发现实现不了，最后不了了之。

也许有人会问，把目标定得高一些，可以激发人们的潜力，即使最终不能100%地实现，打个折扣实现了80%，不是也很好吗？

目标拔高一些是可以的，关键在于“程度”。目标拔高了，努力一下还能够得着，是可行的。反之，不仅达不到目标，而且搅乱了企业的正常运营，甚至引发一连串不良后果。

不少企业“求快求大”，不切实际地快速扩张，要么陷入困境，要么倒闭在扩张的路上。

例如近些年，有人曾鼓吹“非连续性增长和指数型增长”，认为“在我们的概念中，打造品牌要一百年，而今天只需要两年”。然而，一些快速发展起来又迅速倒掉的企业比比皆是。

企业人士要深刻地认识到，企业经营没有捷径可走，设定合理的目标非常重要，切记不是越高越好。

3．不要企图搞全面的、彻底的量化管理，要有取舍

在企业运营过程中，有些事情的确说不清楚，无法准确度量，那就不必量化管理。当不适合用量化管理时，用替代方法来解决问题即可。

智商有量化测试，能给出比较准确的分数，而且的确符合人们的判断。情商对工作和生活也很重要，却不能进行量化测试。

出于成本效益的考虑，可以放弃那些对企业效益贡献不大，或者难度过大的量化管理措施，把节省下来的精力用于其他地方。

例如，CMMI 2 级要求采用项目估算方法来制订项目任务进度计划，否则会认为任务进度计划是随意“拍脑袋”制订的。一般步骤如下。

（1）先估算项目规模，例如代码行和功能点。（可是在项目完成之前，无人知道有多少行代码。）

（2）项目规模除以公司人均生产率，可以算出项目总工作量。（但你知道公司人均生产率是多少吗？把高手和新手放在一起求平均是否有意义？）

（3）再把总工作量按照一定的比例分解到不同过程域，例如项目管理过程占 20%，项目开发过程占 80%，可以进一步细分需求分析、设计、编程、测试等环节的工作量。（这个分解比例准确吗？）

（4）设定每个工作环节的人数，用工作量除以人数可以得到每个工作环节的时间，如 N 天。（项目成员的工作相互交织，人员水平差异较大，怎么算？）

（5）每个工作环节的人数和天数已经估算出来后，就可以制订出“科学”的任务进度计划。

上述项目估算方法在理论上是通顺的，但是每一步都很难操作，误差极大。这种貌似科学的估算方法，其误差比项目经理“拍脑袋”制订的计划的误差还要大。

当某些事情的量化管理难度过大时，没有必要钻牛角尖、非得把量化进行到底，而去寻找替代方法来解决问题即可。就如西医（代表量化医学）不擅长解决的病症，不妨用中医（代表非量化医学）来治疗，反之亦然。

4．用于统计分析的数据要真实且容易获取，要有相应的统计分析工具

真实的数据来源于日常工作。人们一边工作，一边记录真实的工作情况，而不是把所有事情做完后再补写。

有些东西事后补写是没有意义的，例如计划。有些人在事后补写时可能会忘记当时的细节，耽误了工作，例如设计思路、产品缺陷、客户问题需求等。

人们在记录工作情况时，要设法条目化，即把内容分拆成若干条，每一条都有负责人、时间、状态。最好将记录保存在数据库中，便于跟踪处理和统计分析。

例如把项目的数百个缺陷记录在Word文件中，对于每个缺陷状态的改变都要修改Word文件，并重新发送最新文件给相关人员（否则其他人员看不到缺陷的最新情况），这使用起来非常麻烦，而且没有很好的办法对Word文件的内容进行统计分析。

所有流行的缺陷跟踪工具都是基于数据库的，不仅能够实时处理缺陷，而且可以随时统计分析，发现缺陷的统计特征。

务必记住，推行量化管理一定要有配套的记录数据和统计分析的软件工具，如果仅凭手工处理，几乎没有企业坚持得下去。

5．对量化的结果要慎重分析

要明确产生这个结果的原因，不要被单纯的数字大小所迷惑。

例如两名工程师A和B，缺陷统计发现A产生的缺陷数量是B的2倍。这是否说明A的工作质量比B的差？

可能是，也可能不是。

只有在两人的工作内容完全相似的情况下，才是。

否则，缺陷数量不能说明问题。例如，A的工作量或者工作难度是

B 的很多倍，A 的缺陷比 B 的多那是当然的。

如果企业简单地用工作缺陷数量、任务延迟数量来衡量员工的业绩好坏，却不分析是什么原因导致的，这可能冤枉了好员工，而且可能误导人们尽可能少干活，或者专挑简单任务来做。

对员工的工作进行统计，其量化结果为绩效考核提供依据，对领导决策分析很有用。切忌直接把量化结果等同于业绩，否则错误的评价会严重挫伤员工的积极性。

对量化结果进行分析是一件很有意思的事情，你可能会发现一些与日常经验相反的“秘密”。

例如，多数企业都希望售后服务的工作量越少越好。因为售后服务工作量越大，企业付出的服务成本就越高，利润就会下降。

我对本公司售后服务工作进行统计后发现，有一部分客户买了本公司的软件产品后，售后服务工作量为零（即客户不需要服务）。我原本以为售后服务工作量为零是好事情，省时省钱啊。

后来我接触到那些不需要售后服务的客户，发现他们因错误地使用软件，导致操作不便、效率很低，有一些客户就放弃使用了。

客户错误地使用软件，或者干脆不用，对客户而言增加了使用代价或者浪费了采购费。但对公司而言也有间接损失：我们失去了与客户共同进步的机会。

我问客户：“你们为什么不向公司客服工程师寻求帮助呢？”

有些人答复“以为自己理解了、用对了”。

有些人答复“以为软件就是这么设计的，本来就是这么难用的”。

有些人答复“不好意思麻烦别人，自己摸索”。

我分析这些现象之后，总结了经验教训：千万不要以为售后服务工作量越少越好，过多或者过少都有问题。对每个客户都要提供合理的服务工作量，控制上限和下限。即便客户不主动联系我们，我们也要主动提供必要的服务，至少要了解客户使用产品的情况。

9.6 常用算术统计

量化管理中的绝大多数统计工作是求和、求平均、计算百分比，使用算术“加减乘除”就够了。

你可能不太相信要求如此之低！

全世界通用的财务报表——资产负债表、利润表、现金流量表，也是算术统计。

算术统计是最简单、最普遍的统计方法，即便如此简单，不少人还会错用。

有个软件公司（乙方）为粮站（甲方）开发了信息管理系统。双方领导见面聊到软件功能时，甲方领导说：“那么多数据看起来麻烦，让我看看平均值就可以了。”

乙方领导说这个容易，操起电话通知程序员：把你做的软件增加一个平均值项。

程序员不分青红皂白，把粮食种类、粮食重量、员工数量、员工年龄等字段全部加起来求平均值，还保留到小数点后几位。

1．求和

求和一般有两种方式：

（1）计算总和，即所有样本值的累加，例如年销售额，是一年内所有销售记录的总和。

（2）分段求和，例如一年分12个月，计算每个月的销售额，共有12

个分段求和。

2．求平均值

平均值等于“样本值之和”除以“样本数量”，例如，月销售额均值=年销售额/12。

当样本之间存在很大差异时，平均值会掩盖样本差异，失去参考价值（或产生误导）。例如把富人和穷人的相关数据放在一起求平均值（平均财富、平均消费等），就会掩盖贫富差异的真相，误以为没有穷人。

有些房产宣传材料上写“某地气候宜人，年平均温度20℃”。你看到20℃，顿时感觉很舒服。可是这平均20℃究竟是怎么算出来的呢？

比如，白天50℃，晚上−10℃，平均温度是20℃；夏天50℃，冬天−10℃，平均温度也是20℃。这两种实际温度都与宣传所述差距很大，一点儿都不舒服。

所以年平均温度没有多少参考价值，应当分别计算春、夏、秋、冬四季各自的平均温度，这样的平均值才有参考价值。

当样本之间差异很大时，把所有样本放在一起求平均值意义不大。要设法把样本分段，使每段内的样本差异比较小，再计算每段的平均值，即分段平均值。

3．求百分比

计算每个类别样本占总数的百分比，用于反映样本的分布规律，便于企业及时了解状况，调整资源部署。

例如某企业在甲、乙、丙三地设了销售机构，此三地的年销售额分别为500万元、400万元、100万元，所占百分比分别为50%、40%、10%。

根据上述销售额占比，可见甲地销售很好，而丙地销售不好。企业可能按照如下方法调整资源：

（1）在市场形势不好、企业需要节约成本的情况下，可把丙地资源全部并入甲地，收缩战线，扬长避短，集中力量把甲地和乙地的销售做好。

（2）如果市场形势比较好，企业有扩张的能力，可维持甲和乙不变（原本就比较好），加大丙地的投入（原本比较差），扬长补短。

4．增长率

增长率 =（当前值 − 过去值）/ 过去值 ×100%，常用的是年增长率和月增长率。

（1）年增长率。如年销售额增长率 =（今年销售额 − 去年销售额）/ 去年销售额 ×100%。

（2）月增长率又分两种：环比和同比。环比是本月和上月相比，即（本月值 − 上月值）/ 上月值 ×100%。而同比是本月和去年本月相比，即（本月值 − 去年本月值）/ 去年本月值 ×100%。

9.7 常用统计图

使用统计图的主要好处是：直观、醒目地展示数据，加深人们对统计数据的印象和洞察力。

常见的统计图有饼图、折线图、条形图、柱状图、面积图、雷达图、频率直方图、控制图，示例如图 9-2 所示。读者可以从网上找到很多制作工具。

Data Charts
Data Charts
Data Charts
Data Charts
Data Charts
30%
40%
50%
10%
30%
40%
50%
10%
2014
2015
2016
2017
2018
2019

图 9-2　常用统计图示例

9.8

研发企业常用度量元和统计方法

表 9-2 至表 9-6 是研发企业常用的度量元和统计方法，读者可根据企业自身情况裁剪使用。

表 9-2 项目的度量元和统计方法

分类	度量元	统计方法
项目成本	开支和预算对比	按费用类型，对比项目预算和实际开支，绘制柱状图、饼图
	人员工时成本	列出每个项目成员的工时、成本系数和工时成本
项目工时	按工作类型统计	按工作类型统计项目工时、任务工时、非任务工时
	按阶段统计	列出每个阶段的任务计划工时和任务执行工时，以及占总工时的百分比
任务进度	按阶段统计	列出所有阶段的进度、任务完成数量、任务延期数量
	延期未完成任务	列出所有延期未完成的任务
	里程碑	列出所有里程碑信息
项目缺陷	百分比	按缺陷严重性、状态、类型、报告者、接收者统计数量和百分比
	趋势图	新增缺陷趋势图、缺陷状态变化趋势图

续表

分类	度量元	统计方法
项目管理能力	项目周期偏差	项目延期天数 / 项目计划天数
	任务延期比例	延期任务数量 / 任务总数
	任务工时偏差	（任务实际工时 - 任务计划工时）/ 任务计划工时
	任务工时比重	任务总工时 / 项目总工时
	非任务工时比重	非任务总工时 / 项目总工时
	任务细分能力	统计1周内、2周内、1个月内、1个月以上的任务计划比例
	任务完成能力	统计1周内、2周内、1个月内、1个月以上的任务完成比例
	质量保证通过率	通过次数 / 检查次数
	评审通过率	通过次数 / 评审次数
	测试通过率	通过次数 / 测试记录总数
	评审效率	评审发现缺陷数(均值)=Σ每次评审发现缺陷数量 / 评审次数
		评审发现问题数(均值)=Σ每次评审发现问题数量 / 评审次数
	测试效率	测试用例缺陷数(均值)=Σ每个测试用例的缺陷数 /测试用例总数
	问题解决周期	Σ每个问题解决周期 / 已经解决问题总数
	缺陷解决周期	Σ每个缺陷解决周期 / 已经解决缺陷总数
其他	项目成员情况	每个项目成员的工作量（占总工作量的百分比）、报告缺陷数量、处理缺陷数量、处理问题数量、处理客户问题需求数量
	异常数据统计	延期里程碑，延期完成任务，延期未完成任务，未关闭项目问题，未关闭项目缺陷。大于阈值N为异常
		项目需求数量，版本数量，测试用例数量，评审数量，文档数量。小于阈值N为异常
	代码缺陷排行	代码缺陷从高到低排列

表 9-3 人力资源的度量元和统计方法

分类	度量元	统计方法
任务进度	任务计划进度	统计所有人员在所有项目的任务进度，绘制计划进度表和实际进度表，直观地了解每个人的任务进展情况
	任务实际进度	
任务饱和度	任务计划饱和度	每日任务计划的工作量/8×100%
	任务执行饱和度	每日任务执行的工作量/8×100%
	工作日志饱和度	每日工作日志的工作量/8×100%，包含非任务工时
人员工时表	项目工时	统计所有人员每天的工时，分别显示：项目工时、非项目工时、任务工时、非任务工时
	非项目工时	
	任务工时	
	非任务工时	
人员项目表	参加项目数量	统计每个人参加的项目数量（显示项目名称）
人员工作统计	任务数量	统计指定人员在指定时间内创建、执行任务数量
	缺陷数量	统计指定人员在指定时间内报告、处理缺陷数量
	客户问题需求数	统计指定人员在指定时间内报告、受理、处理客户问题需求数量
人事信息	人员分布特征	按学历统计数量和占比
		按在本公司工作年数统计数量和占比
		按职位（或级别）统计数量和占比
		按员工年龄统计数量和占比

表 9-4 营销过程的度量元和统计方法

分类	度量元	统计方法
客户信息	数量与增长率	按年统计客户数量、增长率
		按月统计客户数量、环比、同比
	分布特征	按客户类型统计客户数量和占比
		按客户所属城市统计客户数量和占比
		按客户所属区域统计客户数量和占比
		按客户所属行业统计客户数量和占比
		按客户状态统计客户数量和占比
	签约客户特征	列表显示所有签约客户的：累计合同额，采购次数，首次采购周期，收款延期天数，问题需求数量和处理工作量，实施维护数量和工作量
	联系人特征	按联系人级别统计数量和百分比
		按信息来源统计数量和百分比
销售合同	金额与增长率	按年统计合同金额、应收款、实收金额、增长率
		按月统计合同金额、环比、同比
	占比（百分比）	按合同类型统计金额与占比
		按合同状态统计金额与占比
		按客户类型统计金额与占比
		按所属城市统计金额与占比
		按所属行业统计金额与占比
	频率分布	客户首次采购周期频率直方图和占比饼图
		客户采购次数频率直方图和占比饼图
		合同金额频率直方图和占比饼图
		收款延期天数频率直方图和占比饼图
	异常查询统计	输入收款延期天数，查询合同，计算比例
		输入金额差异，查询合同，计算比例

表 9-5　客服过程的度量元和统计方法

分类	度量元	统计方法
客户问题需求	数量与增长率	按年统计客户问题需求的数量、处理工作量和增长率
		按月统计客户问题需求的数量、处理工作量和环比、同比
	占比（百分比）	按类型统计客户问题需求数量、处理工作量、占比
		按受理处理分类统计客户问题需求数量、处理工作量、占比
		按状态统计客户问题需求数量、占比
		按紧急程度统计客户问题需求数量、占比
	效率	受理周期的最大值、最小值、均值
		处理周期的最大值、最小值、均值
		处理工作量的最大值、最小值、均值
	频率分布与查询	受理周期的频率直方图和占比饼图
		处理周期的频率直方图和占比饼图
		处理工作量的频率直方图和占比饼图
客服工作汇总	按客户统计	计算每个客户对应的客户问题需求数量及工作量、实施维护数量及工作量，进行排序
	按客服人员统计	计算每个客服人员对应的客户问题需求数量及工作量、实施维护数量及工作量，进行排序

表 9-6　成本效益的度量元和统计方法

分类	度量元	统计方法
成本分布	成本业务类别	按工种如营销、研发、生产、售后服务等统计金额和占比
	费用类型	按费用类型如差旅费、资料费、设备费等统计金额和占比
	所属项目	按成本所属项目统计金额和占比
	所属客户	按成本所属客户统计金额和占比

续表

分类	度量元	统计方法
成本效益对比	年统计	按年统计成本金额、合同实际收款额、毛利、增长率
	月统计	按月统计成本金额、合同实际收款额、毛利、环比、同比

10 小企业人力资源管理的建议

人力资源管理不是“人力资源部”的管理，也不是让人力资源部去管理企业的人力资源。企业各部门领导如研发、生产、营销经理都需要学会人力资源管理，努力让现有的人力资源发挥最大价值。

市场上优秀人才本来就不多，小企业很难招聘到，也很难留住他们。更多的人是虽然个体不强，但是有很强的团队凝聚力和战斗力。小企业招聘和培养这样的人，是高性价比、低风险、容易操作的用人之道。

时间碎片化对于研发行业的危害严重。因为人们被手机吸引，无法集中精力做需要长时间深度学习、深度思考、连续作业的事情。上班“交手机”的方法，能够把研发状态从不正常拉回到正常，能够快速地把研发效能从不及格提升到及格。但是如果想达到良好、优秀、卓越的程度，还是要认认真真做好研发管理，没有任何捷径。

10.1

什么是人力资源管理

1．人力资源管理不是什么

人力资源管理不是“人力资源部”的管理，也不是让人力资源部去管理企业的人力资源，因为人力资源部自己“不带兵打仗”。

绝大多数企业的人力资源部实际上是“人事部”，主要是为企业各部门提供人力资源，以及记录员工的履历和工作情况，但不负责用人。

2．人力资源管理的目的是什么

人力资源管理的目的是让各个岗位的员工把工作做好，为公司创造效益。

3．谁管理人力资源

企业各级领导都要管理下属的人力资源，职位越高，他的人力资源管理范围就越大。企业最高级别领导就是公司最大的人力资源管理者。

4．谁最需要学会人力资源管理

在第一线工作的经理，如研发、生产、营销部门的领导最需要学会人力资源管理。

10.2

如何使现有人员发挥最大价值

1．最重要的是知人善用

“知人”是指对人（包括自己、下属和相关人员）的知识才能、优点和缺点很了解。“善用”是指让合适的人去做合适的事，扬长避短，取得最大的成效。“善用”的前提条件是“知人”。

企业各级领导岗位的人选极为重要，一定要慎重任命，否则会害了企业和下属员工。例如，诸葛亮错用马谡去守街亭，结果马谡失了战略要地街亭，事后“诸葛亮挥泪斩马谡”也无济于事。

国内很多 IT 企业普遍提拔“技术骨干”当管理者，殊不知大多数的技术骨干精通技术却不懂管理。

即使小到一个具体的项目开发任务，项目经理也要懂得知人善用，这样才能提高每个项目成员的工作效率和工作质量。

企业各级领导要经常思考这样的问题：我了解员工吗？我用对人了吗？

2．以企业效益为导向知人善用

知道一个人擅长做什么，就让他做什么，这可能是肤浅的“知人善用”。貌似用对了，但是没有创造最大的效益。

例如，所有研发企业都很重视技术高手，既然是技术高手，那就让他专心搞技术开发，似乎天经地义。

这种用法导致研发企业的一种普遍现象：很多技术高手实际上是被低手指挥干活，例如低手输入了大量伪需求或低价值需求，结果高手忙于开发低价值的甚至是错误的产品。

根据我的实践经验，把年长的技术高手推向营销或客服第一线，可能会为公司创造更高的经济效益。

3．把年长的技术高手推向营销第一线

一般来说，营销人员擅长做客户关系，能说会道，但通常技术比较弱，他们很难讲明白解决方案中的技术原理和优缺点。在竞争很激烈的市场环境中，光靠客户关系并不能拿下合同。

若技术高手参与营销过程，让营销人员负责客户关系和商务谈判、技术高手负责讲解方案和解答客户疑问，这种组合可以极大地提升客户的信任度，不仅能提高销售的成功率，而且还增强了谈判筹码（例如挺住价格）。

让年长的技术高手出现在营销场合，有廉颇和黄忠的镇场效果。谁说廉颇和黄忠一定要挥大刀？他们也可以用嘴取胜。

即使营销人员独自就能够拿下合同，让技术高手参与营销过程仍然会有其他好处。例如，技术高手可以引导客户需求，避免客户提出大量不合理的需求，避免无谓地浪费本公司的研发资源，节约成本就等于创造效益。

4．把年长的技术高手推向客服第一线

大多数研发企业把客服（如售后安装、实施、维护等）当作亏损业务来看待，为了节约成本，通常派技术水平不高的人去做这些事情。

客服人员从现场带回很多问题和需求（如产品缺陷、客户抱怨和建议等）交给研发部门处理，研发部门花很多精力去改进，客户还是不满意。最后只好派技术高手到现场考察，发现原来客户和客服人员都没有搞清楚真正的问题和需求，之前的工作全是徒劳无功。这就是低手指挥高手的常见后果。

把技术高手推向客服第一线的直接好处是，他能够抓住问题的要害，避免客户或客服人员“乱指挥”，提高客服效率，减少研发浪费，创造更多效益。

技术高手到现场服务，能够快速解决问题，通常容易赢得客户的好感。客户的问题需求不可能一次性就解决了，客户会和技术高手交流后续的想法，在交流的过程中可能第二期的需求和合同就产生了。

客户也不想总是换新的供应商（机会成本高、风险高），肯定首选可靠的老供应商。技术高手不仅把当前合同规定的服务做好了，而且可能带回来后续的合同，为公司创造更多效益。

5．合理调度技术高手

很多企业担心，如果把技术高手推向营销和客服的第一线，可能产生的坏处是研发队伍的力量被削弱了。

我的建议：当好处明显大于坏处时，我们就干；当好处等于或小于坏处时，就不能干。

（1）在同一个技术领域，如果存在工作相似的多个技术高手，那么只保留一个高手，调走其他所有高手，不会明显削弱研发力量。

假设某个团队有100个专家研究相对论，其中有一人叫爱因斯坦，那么这个研发队伍的性价比就太低了。因为有一个人的成就盖过了其他99个高手，导致他们全是陪衬，这也是一种浪费。应该赶紧把那99个高手调走，去研究其他领域和创造新的效益。然后给“老爱”9个助手，负责他的吃喝拉撒睡，让他快乐、高效地工作，产生更高的效益。

国内大多数研发企业并没有从事高精尖、高难度的研发工作。绝大多数的软件公司都在开发管理系统（例如电子政务系统、企业管理系统等），研发部实际上就是“开发部”。在这种情况下，只要一个技术高手把关键的设计工作做好，并且把设计思路清楚地传递给普通开发人员，他们就能够做好开发工作，至多速度慢一点而已。

（2）如果公司业务涉及多个技术领域，那么每个技术领域至少保留一名技术高手。例如嵌入式系统的研发部门，至少要有一名软件高手和一名硬件高手，缺失其中之一，都可能导致产品质量很差。

在这种情况下，如果把技术高手推向营销第一线，就得不偿失了。

（3）哪个高手可以留在研发部，哪些高手可以派出去呢？留在研发部的高手，其技术水平要能够解决现有的技术问题，而且具备预研能力，能应对新的技术问题。派出去的高手，其技术水平不必最高，但是他的口才和情商一定不能太低，否则不仅不能帮助营销人员拿下合同，而且还可能会得罪客户，让公司蒙受损失。

10.3 用好“歪瓜裂枣”型人才

多数企业都会遇到项目进度不断延误、质量低下、成本不断增加的问题，企业领导感叹：“要是干部既懂管理，又懂技术，还懂市场，那该多好啊！”

但是这种优秀人才很少，小企业很难招聘到，即使招聘到也很难留住。企业想培养出这种人才也很困难，甚至连老板自己都达不到。

“歪瓜裂枣”型人才很多，很不起眼，他们个人离“优秀”比较远，特征是：自身有很多弱点，但是至少有一个优点，利用好了就能够为企业创造价值。

俗话说“三个臭皮匠赛过诸葛亮”，如果配合得好，几个“歪瓜裂枣”型人才创造的价值可能比优秀人才还要高。

“歪瓜裂枣”型人才的个体能力不强，更加珍惜团队，相互依存，有很强的团队凝聚力。

小企业招聘和培养“歪瓜裂枣”型人才，是高性价比、低风险、容易操作的用人之道。

我们公司的研发总监是从工程师升上来的，成为公司股东和二把手。他只懂技术，不会管理。如果员工的开发工作做不好，他就教训几句，如果做得好，他只会说这个功能不错，惜字如金。如果他和客户交谈，可能会不知不觉地得罪客户。

为了维护良好的客户关系，我习惯于尽可能地满足客户的需求。但是有些客户的需求“得寸进尺”，导致我们公司经常吃亏。有一次我跟一个“霸道”客户说：你直接和研发总监谈，只要他同意，我没有意见。

没想到“霸道”客户被研发总监“治得”服服帖帖，客户任何的“威逼利诱”对他都无效，因为他没有我那么多顾虑，无欲则刚。后来，凡是客户提出过分需求，我都让他们直接找研发总监，客户马上说：“那就等等吧，以后再说。”

这位“歪瓜裂枣”型研发总监不仅拒绝了客户不合理的需求，也拒绝了50%以上我提出的需求，虽然当时会让客户和我不满，但实际上减少了大家的损失。

还有一位程序员同事，他的水平很一般，干活比较慢，说话也慢，一直默默无闻。遇到这样的人，领导都比较着急。他经常挨批评，但是他有一个优点，就是脾气好，不生气。

后来我们发现他最适合去开发“需求经常变更”的功能。如果自己辛辛苦苦开发出来的功能经常变更，甚至被废弃，绝大多数程序员会怒不可遏、怨声载道。但是他不会，他自会说：“那就继续修改呗，改到你满意为止。”

有一次年终总结，我特意给他写了一封感谢信：“由于你的存在，让公司领导们免受很多气，因为一些受气的事情转移到你身上了。还好，你受得了，这是个大优点。”

2021 年我拜访一家软件公司时，该公司研发总监是我的另一本书《研发企业管理：思想、方法、流程和工具》的读者。他兴奋地对我说：“林老师，我记忆最深刻的就是那句用好‘歪瓜裂枣’型人才，我一直都这么干。”

在本书中，我再次强调小企业要用好“歪瓜裂枣”型人才。**在我心目中，这些“歪瓜裂枣”型人才都是最可爱的人，他们默默无闻地为企业创造价值，值得企业领导珍惜。**

10.4 如何让下属服你

一个领导要想成功地带领团队完成目标，首先得让下属服你。如果下属不服你，他们不听你指挥，或者阳奉阴违，那么你就是个“假领导”。

若要让下属服你，可以“以技服人”，也可以“以德服人”，最好兼而有之。

1．以技服人

团队领导的技术水平（才能）明显比下属高，大家都服他，这叫“以技服人”。简单粗暴，行之有效。

武林人士都有这样的习性，选武林盟主就用比武方式，谁武功最高谁就当武林盟主。

研发企业的绝大多数人员都是搞技术出身的，天性就崇尚技术，其实他们也是“武林人士”。

如果一个项目经理的技术水平很高，别人搞不定的技术难题到他手上都能搞定，所有项目成员就都服他。即使他不懂管理，也不妨碍他指挥项目团队干活。

如果一个项目经理的技术水平很差，项目成员内心就瞧不起他，认为他没有真本事，动不动就用“这个你不懂”来反驳项目经理，那么这个项目经理肯定寸步难行。

基于上述“武林文化”，大多数企业都会选用技术水平高的人当项目经理或研发总监。

2．以德服人

团队领导的技术水平（才能）可能不高，但是品德高尚，大家内心都钦佩他的为人，都觉得跟着他干很值得，这叫“以德服人”。

刘备是典型的“以德服人”的领导者。刘备的“文治武功”都谈不上一流，但是他成功地塑造了“德高望重”的形象，加上他善用厉害无比的武器——“哭”，很多能人被刘备的“道德和眼泪”感动至极，发自内心地服他。他们不仅把刘备抬上了蜀国帝位，甚至死心塌地地辅佐那个扶不起来的刘阿斗。

3．兼而有之

若团队领导既能“以技服人”又能“以德服人”，这样的领导更加了不起，团队的凝聚力和战斗力则更强。

曹操是典型的“以技服人”兼“以德服人”的领导。曹操的军事才能、政治才能和文才是三国时期所有领导人中最高的。军事方面，很多大战役都是曹操亲自指挥并取得成功。政治方面，曹操推行一系列政策以恢复经济生产和社会秩序，使东汉末年濒于崩溃的经济不断得到恢复和发展，这奠定了曹操集团的雄厚经济基础。文学方面，在曹操父子的推动下形成了以“三曹”（曹操、曹丕、曹植）和“七子”为代表的建安文学，也称“建安风骨”，在文学史上留下了光辉的一笔。

而且曹操的“以德服人”比刘备的更宽泛、更实用，他“任人唯才”，不在乎出身和派别，使更多的人有用武之地。他不仅“德服”关云长这等正派社会精英，而且还能让许攸这等不入流的人物都有机会建功立业。“不管黑猫白猫，抓住老鼠就是好猫”，也正是曹操的用人哲学。

10.5 如何带领团队

带领团队的方式有两种：（1）身先士卒，同甘共苦；（2）指挥有方，赏罚分明。做个比喻，前者是卫青的方式，后者是霍去病的方式。

1．身先士卒，同甘共苦

“身先士卒，同甘共苦”是一种很朴素的方法，它起到极为重要的榜样作用，非常有益于团队成功。

这种方法有一些局限性：

（1）领导人一定要年富力强，才能这么干，否则力不从心。

（2）比较适合于小规模的团队，大家才能真切地感受到领导的榜样。

汉朝将领卫青是“身先士卒，同甘共苦”的典范。卫青战功显赫，一生谨慎谦逊，体恤将士，极受将士们的爱戴。但他还不是汉武帝心目中最好的将领，那个人是他的外甥霍去病。

2．指挥有方，赏罚分明

霍去病的带兵方式与他舅舅差异极大。卫青力求“每仗必胜，至少不败”。霍去病不拘泥于传统兵法，不在意“一城一地”的得失，所有战术都围绕着终极目标：消灭匈奴，而不是打败匈奴。

这恰恰是汉武帝一生的奋斗目标，在汉武帝的心目中，只有年轻的霍去病才具备这样的胆魄和才能。

霍去病出征，要汉武帝派御厨和仆人伺候他。卫青听了很生气，骂道：“你小子摆什么架子，带兵打仗要身先士卒，同甘共苦，御厨和仆人有何用！”

霍去病说：“舅舅，你那一套带兵打仗的方法不适合我。我打仗靠的是指挥有方，赏罚分明。御厨和仆人能让我吃好睡好，我才能指挥好。”

汉武帝听了大赞：“真是天生的帅才。”

霍去病英年早逝（24岁染病去世），从19岁至24岁，他四次领兵出击匈奴，都以大胜回师，开疆拓土，战功比他舅舅卫青还要卓著。

我们不必争议卫青和霍去病的带兵方式哪个更好，重要的是受到启发并灵活应用。

一般来说，企业领导应采用“指挥有方，赏罚分明”的方式，而基层干部则采用“身先士卒，同甘共苦”的方式。

10.6 组织结构及其建设

组织结构就是上级管理下级，以及同级之间合作的模式。

当企业很小时，组织结构不重要，领导自己直接指挥所有人员就可以了。当企业比较大时，领导一个人管不过来，就要用组织结构来管理所有人员。

企业组织结构的建设过程如下。

（1）根据企业的业务，把企业分解为若干部门（可能是平级，也可能是上下级），明确每个部门的职能，并且确定部门之间的工作关系。

（2）每个部门内划分若干岗位，并定义每个岗位的职责。

（3）把人员安排到合适的岗位上，不能因人设岗。

组织结构是否合理，对整个企业的管理效率影响极大。良好的组织结构能够使人们各司其职，把企业的问题分而治之，有条不紊地开展工作。而不良的组织结构将会导致人浮于事、效率低下、管理混乱的情况。

组织结构应当在较长时间内具有稳定性，不宜频繁变化，否则会让员工无所适从。

有些企业换了总裁，就马上更改组织结构，这很容易导致混乱。

当企业的业务和规模发生显著变化时，组织结构也要跟着调整。优化组织结构是企业领导的重要职责之一。

组织结构最常见的展示方式是树形表，它能够直观地表达平级和上下级关系，还可以折叠和展开，十分方便，因此被绝大多数企业管理软件用以展示组织结构。

| 提示 |

在绘制组织结构草图时可以随意，但是正式发布的组织结构图一定要能够转化成为树形表，否则无法用软件来管理。

10.7 组织结构的建设原则

组织结构的常见弊病：机构臃肿，人员复杂，管理层次过多，交叉管理，岗位职责不清晰等。若要解决和避免上述弊病，首先要理解组织结构的建设原则。

1．减少低价值岗位和人员

在一些企业里，很多部门都设立正副领导，甚至还给领导配秘书。

机构臃肿，对企业无价值、低价值的人过多（特别是无用的干部太多），是国内企事业单位中很常见的问题。其坏处如下：

（1）人力资源成本过高；

（2）人浮于事，无事生非，效率低下；

（3）阻碍了其他有用人才发挥价值，还可能把有用人才带“坏”。

如果企业里面无用的人很多，那么这个企业很难有长远且健康的发展。企业领导要经常“扫描”所有岗位以及配置的人员，要尽可能减少低价值的岗位和人员。

对于真正有用的人才，要保护他们，并给予更多的机会。减少虚荣摆设（头衔越少越好），让他们专注于事业。

2．减少管理层次

下达任务或者汇报工作时，要尽可能减少管理层次。因为管理层次越多，信息失真就越厉害，而且效率也越低。

最快捷的方式是：A 下达任务给 B，B 向 A 汇报工作情况。例如在项目中，大部分事情由项目经理和项目成员直接沟通即可，只有重大事情才需要高层领导介入。

3．减少交叉管理

企业里面要尽可能减少交叉管理，一个员工最好只有一个直接领导。交叉管理会导致管理混乱，而且会形成下级对上级们“察言观色”的坏风气。

如果各部门经理和项目经理都可以直接下达任务给项目成员，一旦任务有冲突（如时间重叠，甚至功能相悖等），就会导致项目成员不知道听谁指挥。

4．岗位职责简洁且无重叠

有些公司的岗位职责写了满满一页甚至数页。其实写得太多，不仅记不住，而且重要职责和次要职责混杂在一起，可能导致职责主次颠倒，甚至避重就轻。

岗位职责表的内容一定要简洁，企业人员记住自己的三条主要职责并且履行好，效果就会很好。

不同的岗位，其职责表的内容不要重叠，以免遇到问题互相推诿。

10.8 提升研发团队的表达能力

“写”和“说”是人们向外界表达自己才华的最重要途径。可是表达能力不高却是中国研发人员的通病，值得业界高度重视。

很多研发人员怕写文档、怕做报告，讲述问题和想法时语无伦次。由于表达能力不佳，他无法胜任需求开发、系统设计、管理等高层次的工作。即使他的技术不错，却不能将能力充分发挥出来。

绝大多数公司的研发人员无法一次性写出清晰的“产品使用说明书”。他们已经把产品做完了，却没有能力说清楚产品的作用，以及怎么使用。

1．树立正确的观念，重视表达能力

导致“表达能力不佳”的主要原因是研发人员的思想观念：他认为表达能力不重要，而技术才是最重要的。因为企业招聘他们的时候，只考技术，从来不评测文才和口才。

我认识的大部分默默无闻的研发人员都会有这种想法。我常常不厌其烦地规劝他们锻炼表达能力，甚至毫不客气地刺激他们：请你看看四周，你会发现当领导的通常都是能说会写之人，而不是技术最好的人。如果你不擅长写和说，你永远都不能当领导！

有些人把“表达能力不佳”归结为读中小学时文科学得不好，现在补习已经来不及了。这是不正确的想法，后天努力也可以提升表达能力。

我读小学、中学时文科学得极差，高考语文成绩才 54 分（总分 120 分）。上大学的第一天我竟然无法用普通话说出“怎么去澡堂洗澡”，只好晃动澡票与辅导员打哑语。

可现在呢？从大学毕业到今天，我已经累计出版 18 本著作。

为什么进步那么大？有什么技巧吗？

引用卖油翁的话：“无他，但手熟尔。”

我从读大学至今，数十年来一直都是带头干活。不管是长篇大论还是写标语做宣传，都是自己干。写多了、说多了，也就成为行家了。

我是一个智力平平、出身贫苦的普通人。既然像我这种语文功底极差的人都能把表达能力练好，相信绝大部分人也能办得到。所以不要找借口了，为了自己的前途，请赶紧锻炼表达能力。

2．如何提高写的能力

研发人员写的技术类文章（包括开发文档、商务文档、产品说明书等），其写作方法明显不同于文学类文章。技术类文章有四大构成要素：内容、逻辑、实证、措辞。

（1）内容是文章的灵魂。

如果你没有内容可写，那么无论你的文笔多么美妙，都不可能写出好文章来。“巧妇难为无米之炊”就是这个道理。

想写文章必须先有可写的东西，否则即使挖空心思拼凑出来，也不会有人欣赏。所以不要企图在内容上投机取巧。

内容从哪里来？它来自于你对工作和生活的思考。当你思考明白“是什么”“为什么”“怎么办”等基本问题时，就有了可写的内容。

（2）表述内容要有逻辑。

当你有了可写的内容后，就要努力用文字清楚地表达出来，设法让别人容易理解。如果你的文章写得颠三倒四，让别人看得很累，即使文章的内容不错，也不会受人欢迎。

理工科毕业的人都有很强的逻辑思维能力，这是我们比较擅长的。写文章时，即使达不到字斟句酌，也要使段落和语句符合逻辑。一篇条理清晰的文章，只要浏览段落标题，就能明白其大意。

如果你自己都觉得文章不通顺，那么不要在文字上改来改去，免得白费力气，因为真正的原因是你没有把问题想透彻，所以条理不清。

（3）内容要有真凭实据（即实证）。

文学类的文章可以虚构情节，可以夸张，但是技术文章不允许这样做。技术文章中可能存在错误的观点或结论，有时是在所难免的，但是绝不允许在技术文章中造假。

在写技术文章时，凡是引用外界的关键数据、结论等，都要注明出处。尽管这样做比较麻烦，但是带来的好处是：不仅文章的可信度提高了，你自己做学问的态度也越来越严谨了。

（4）措辞追求正确、准确。

措辞正确主要是指没有错别字，没有病句。

研发人员的文章中常见的语病通常有规律，所以如果有高人指出你文章中的语病时，一定要善于总结，举一反三消除类似的差错。

措辞准确要比正确的难度高得多。汉语的词汇、妙语特别丰富，只有在平时多读书、多铭记好词好句，才有可能写出准确的句子。这是日积月累的过程，无法速成。

我们不仅要勤于练笔，而且要在实践中领悟写作的方法和技巧。不论是写技术文档还是写商务文档，都要重视“内容、逻辑、实证、措辞”，这是提高写作能力的有效途径。

3．如何提高说的能力

很多人在日常生活和工作中说话自如，可是到正式场合做报告（演讲）的时候，却常常局促不安、语无伦次，尤其是有高层领导在场时往往表现不佳。

我们首先要克服怯场的心理障碍。大多数人不是天生的演说家，所以在前几次做报告时表现不佳是正常的现象，不必太在意。要有勇气走上讲台，面对许多人演讲，哪怕当时心里发抖，而越早迈出这第一步，对你的事业越有益处。

我读硕士一年级的时候，在学校里举办了自己的第一次学术报告会。尽管我当时毫无演讲经验，心里也害怕出洋相，但是我早就意识到表达能力对事业的重要性，于是鼓励并且强迫自己把这第一次学术报告做好。

我在学校张贴广告，并请了很多同学和老师来捧场。我对着200多名听众整整讲了一个半小时，据说在本校史无前例。

且不论这次报告的学术价值如何，对我而言这是一次非常有意义的演讲锻炼，使我从此不再怯场，的确对我后来的事业产生了正面影响。

我到企业工作后，经常参加研讨会，也经常给员工做培训。我对自己的要求是“讲出水平，让听众听得更有滋味”。我不仅从专业讲师那里学习讲课技巧，而且也用心总结讲课方法。日积月累，自己就成为比较老练的讲师了。

同写作一样，在演讲方面我也没有受过专业的训练。既然我现在很能“说”，可见别人也能做得到。根据自己的领悟，我总结了简单有效的“说”的方法和经验，适用于演讲、做报告、培训等，供读者参考。

（1）准备充分。

演讲的目的是阐述自己的见解，因此演讲的内容是第一重要的，至少要对得起听众付出的成本（如时间成本）。所以在演讲之前要好好准备内容，不仅可以在现场讲，还可以让听众带回去阅读。

如果你是新手，你一定要对着镜子演讲，你会发现镜子里面的那只“猴子”非常滑稽。你要多练习几遍，熟记内容并且控制时间，避免在现场手忙脚乱。一直练到你看到镜子里面是个镇定自若的人为止。

（2）仪表整洁，精神抖擞。

搞技术出身的人通常对自己的仪表比较随意，常常不修边幅。在干技术工作的时候这是允许的，但是在正式场合演讲的时候却不能这样，否则会损害自己和公司的形象。

如果演讲者邋里邋遢，精神萎靡，他还没有开口就被听众嫌弃了。所以要先在家里整理仪容，尽管大多数人并不英俊潇洒，但是仪表整洁、精神抖擞还是做得到的，关键是自己要有这样的意识。

（3）声音响亮。

无论有没有扬声器，在演讲的时候声音要响亮。这不是听不听得到的问题，而是底气足不足的问题。如果你的声音响亮，自己就会越说越有劲，听众也会被你的热情感染。反之，如果你的声音很小，自己就会越说越没劲，听众就会窃窃私语或者干脆打瞌睡。

争论的声音都是很响亮的，从来没有低调的。因为争论的人希望别人支持他，所以不仅声音响亮而且条理清晰、简明扼要，让人们很快知道他要表达的观点。这很值得大家去观察和学习。

（4）戒掉烦人的口头禅。

很多人不知道从哪里传染了一堆口头禅，一开口就讲“就是说”“等于说”“说句良心话”“说句心里话”“说句老实话”，还没有开始就讲“然后”“其实”。

这些口头禅对你表达见解毫无用处，反而扰乱视听，令人厌烦。平时讲话有这些毛病的人，在演讲的时候也会这样，好好的内容被讲得支支吾吾、支离破碎。

（5）尽量说普通话。

演讲的时候要努力说普通话，不要讲方言，也不要把中文和外语夹杂使用，以便让听众听得懂、听得清。

10.9 时间碎片化对研发效能的重大影响

现代人随时随地看手机，把大段时间切割成为碎片，貌似不浪费一分钟时间，但是可能浪费了人生。

时间碎片化对新媒体行业极为有利，给人们带来了更多欢乐。很多人被一个又一个短视频吸引，连电视剧、小说都不看了。

时间碎片化对于研发行业的危害是很严重的。因为人们被手机吸引了，无法集中精力做需要长时间深度学习、深度思考、连续作业的事情。

而长时间深度思考，是研发人员的基本素养。

时间碎片化对研发效能的负面影响极大。一方面使工作效率大大降低，也许降到只有无手机干扰下的 1/2；另一方面是干不了难度较高的技术活，只能做一些成熟的平庸的事情。

有位程序员写了一个段子：上班看着大屏幕，脑子里却想着手机小屏幕，因为那个小屏幕总是出现很有意思的东西。刚开始上班的时候，工作 25 分钟，然后看手机 5 分钟。慢慢地，工作 5 分钟，然后看手机 25 分钟。

本书把研发效能简单定义为效率和能力的乘积，由于时间碎片化，导致能力降低 1/2，效率也降低 1/2，所以效能只有正常情况下的 1/4。看到这个量化分析结果，你是否感到非常惊讶？

当今时代，好的研发人才弥足珍贵。如果企业遇到一个技术不错、工作认真的员工，一定要珍惜他、善待他。

读者阅读本书很费脑筋，而真正实行研发管理则更加艰难，大家辛辛苦苦地学习和执行，也许只能够把研发效能提升百分之十几。但是有一个绝招，可以轻轻松松地大幅度提升研发效能。

上班时，研发人员把手机上交给公司管理员，下班后管理员再把手机还给他们，一段时间之后，研发效能将比过去提升200%。

当然，“交手机”这种方法只能把研发状态从“不正常”拉回到“正常”，至多把研发效能从“不及格”提升到“及格”。如果想达到“良好、优秀、卓越”，还是要认认真真做好研发管理，没有任何捷径。

研发管理是一门严谨、枯燥的实践性学问，远不如“快速赚大钱、成功学”那么吸引人。这本书是我二十年来研发管理经验的浓缩，如果你读完后能吸收一点点，我就甚感欣慰了。